戦争に反対した人々

藤原　義一

日本の天皇が侵略戦争をしていた時代の日本に、その戦争に抵抗した人々がいました。

政府は治安維持法という法律で、それらの人々を捕え、時には警察署内で殺しさえしました。

その人たちの苦難の物語を追いました。

なお、［　］内は藤原の注です。

2020年9月2日

藤原《ふじはら》　義一《よしかず》

目次

表紙（小林多喜二さん）、裏表紙（伊藤千代子さん）のイラストは安部愛さん

戦争に反対した人々

藤原　義一

特別高等警察と治安維持法

戦前の日本には特別高等警察（特高）があり、治安維持法という法律がありました。

特別高等警察は、１８９０年、地方官管制改革によって、大阪など政治上重要な所に高等警察が設置されました。

１９０６年に、警視庁に高等警察課が設置されました。

１９１０年、明治天皇暗殺をくわだてたとしてジャーナリストの幸徳秋水《こうとくしゅうすい》さん（高知県幡多郡中村町―今の四万十市―生まれ。本名・幸徳傳次郎《でんじろう》さん。１８７１年11月5日～１９１１年1月24日）ら無政府主義者を処刑した、大逆事件が起こります。

1911年に、大逆事件を機に、警察機構に2つの重要な変更が行われました。

1つは、各府県に特高警察を設置し、全国的機構の確立をはかったこと。

2つは、警視庁に特別高等警察課を誕生させたこと。

特別高等警察は、社会主義運動を取り締まるものでしたが、この時代は社会主義者、無政府主義者にとっては「冬の時代」であり、特別高等警察の出番が少なかったのです。

大正の後半になりロシア革命の影響で労働、農民運動が高揚し、1923年6月5日に日本共産党への第1次検挙が行われます。この時は、警視庁特高警察課の全課員、応援の捜査課員など総員110余が18班にわかれ自動車27台に分乗して、80人の幹部、活動家を逮捕しました。

この検挙を機に、内務官僚は大予算を獲得し、特別高等警察の機構と機能の拡充を推進します。

1924年、治安維持法制定にそなえて、大阪、京都など全国9都道府県に特別高等警察を増設します。

治安維持法は創立まもない日本共産党などを標的に、1925年に天皇が制定した弾圧法です。

「国体を変革」、「私有財産制度を否認」することを目的とする結社の組織・加入・扇動・財政援助を罰するとしました。

「国体」とは天皇が絶対的な権力をもつ戦前の政治体制で、「私有財産制度を否認」とは、政府が社会主義的な思想や運動をねじまげて描いた表現です。

この法律は、結社そのものを罰する点でも、思想や研究までも弾圧する点でも、前例のないものでした。そのうえ1928年には改悪が加えられました。

まず、最高刑が懲役10年だったのを、国体変革目的の行為に対しては死刑・無期懲役を加え、天皇制批判には極刑でのぞむ姿勢をあらわにしました。

また「結社の目的遂行の為にする行為」の一切を禁止する「目的遂行罪」も加わり、自由主義的な研究・言論や、宗教団体の教義・信条さえも「目的遂行」につながるとされていき、国民全体が弾圧対象になりました。

治安維持法が成立したことが特別高等警察の活動の場を大きく広げるもとになり、

未設置の県にも特別高等警察課を置くようになりました。

1928年2月20日、わが国、最初の普通選挙があり、11人の日本共産党員が労働農民党から立候補し「君主制の廃止、民主共和制の樹立」などの宣伝をしました。

その直後の1928年3月15日、前月の普通選挙による無産政党の進出、再建された日本共産党が公然と活動しはじめたことに脅威をいだいた田中義一内閣は、治安維持法違反で1600人にのぼる日本共産党員を検挙し拷問を加えました（三・一五弾圧）。政府は弾圧の報道を4月10日まで差し止め、記事解禁と同じ日に日本労働組合評議会、全日本無産青年同盟の解散を命じました。

1928年のうちに、全ての県に特別高等警察が置かれ、主な警察署には特別高等係が設置されました。専用電話が増設され、府県特高課長の任命権が内務省警保局に移され中央集権機構になりました。

また、中国とヨーロッパ、アメリカの主要都市に情報収集官を派遣駐屯させました。

警視庁の特別高等課は部に昇格し、外事、特高、労働、内鮮、検閲、調停の6課になりました。

アジア太平洋戦争に突き進んでいった1941年には、治安維持法に改悪が加えられ、刑期終了後も拘禁できる予防拘禁制度が加えられました。

治安維持法の運用では、明治期制定の警察犯処罰令など、一連の治安法規も一体的に利用し、現場では令状なしの捜索や取り調べ中の拷問・虐待が日常的に横行しました。

日本共産党は1926年3月15日や1929年4月16日の弾圧など、治安維持法による執拗《しつよう》な弾圧を受け、拷問で虐殺された作家の小林多喜二さんや日本共産党中央委員の岩田義道さんをはじめ、獄中また出獄直後の死亡者など、多くの犠牲者を出しています。

政府発表は治安維持法の送検者75681人、起訴5162人ですが、実際は一連の治安法規も含めた逮捕者は数十万人、拷問・虐待による多数の死者が出ました。

参考資料　しんぶん赤旗「知りたい聞きたい」（1999年3月8日）。治安維持法犠牲者国家賠償要求同盟高知県本部『特高の弾圧に抗した記録』（2010年8月15日）。

戦争に反対した宗教者たち

内村鑑三さん

内村鑑三《うちむらかんぞう》さん（１８６１年３月23日～１９３０年３月28日）は江戸小石川出身。高崎藩士・儒学者の内村宜之の長男として生まれます。

札幌農学校第２期生として入学。最初は水産学を専攻し、卒業後も北海道開拓使民事局勧業課に勤め水産を担当していましたが、開拓使が廃止されたことや、札幌基督教会の創立に関わったことで、キリスト教伝道者の道へと進みます。

アメリカの神学校で学び、帰国後、新潟県の北越学館に仮教頭として赴任。内村さんが学校行政を指摘する意見書を出したことで、外国人宣教師らと対立が起こり、学生も巻き込んだ学園紛争に発展。内村さんは赴任4か月で辞職し、東京に戻りました。

１８９０年、第一高等中学校の嘱託教員となります。

翌年、教育勅語の奉読式で天皇の署名のある勅語に教員及び生徒が最敬礼をする際、内村さんは軽く頭を下げてすませ降壇し、最敬礼をしなかったことで礼拝を拒んだとされ、各界から「非国民」として非難が起き、キリスト教と国体の問題へと進展、不敬事件として社会問題となりました。

内村さん自身も反論を展開しましたが、世論は味方せず失意の中で処女作『基督信徒のなぐさめ』を執筆し、「無教会」という言葉を初めて使用します。

１８９７年、朝報社に入社し新聞・萬朝報《よろずちょうほう》の英文欄主筆を経て、翌年、『東京独立雑誌』を創刊し、主筆となりジャーナリストとして独立します。

部数も伸び経営は安定していましたが、社員と対立してしまったことで、第72号で突如廃刊され解散。以降は、聖書にのみもとづく、〈無教会主義〉を唱え、その伝道・学問的研究・著述活動を精力的に行いました。

１９０３年、日露戦争開戦前にはキリスト者の立場から非戦論を主張。『戦争廃止論』を『萬朝報』で発表。日露非開戦論・戦争絶対反対論を展開しましたが、世論の主戦論への傾きを受けて萬朝報も主戦論に転じると、萬朝報客員を辞しました。非戦論は内村さんや柏木義円さんなど極めて少数でありキリスト者の間でも孤立しましたが、『聖書之研究』を通じて非戦論を掲げ続けました。

そんな戦争反対を強く訴えていた時に、内村さんの前に徴兵を拒否したいという若者が訪れました。内村さんはその若者に対して兵役を促したのです。非戦論思想における「戦争政策への反対」と「戦争自体に直面したときの無抵抗」という二重表現は、あらゆる暴力と破壊に対する抗議を表明すると同時に、「不義の戦争時において兵役を受容する」という行動原理を明確にしました。

参考資料　ウィキペディア・内村鑑三など

小野徳三郎さん

小野徳三郎《おのとくさぶろう》さん（1882年5月19日～1956年5月1日）は三重県出身。海軍兵学校、海軍大学校を卒業し、海軍の教官、佐世保海軍工廠部員、フランス駐在、造船監督官、呉工廠造機部部員、広島工廠機関研究部長、横須賀工廠造機部長、広島工廠長、海軍工機学校長を歴任し、海軍中将まで昇進しました。

生粋のクリスチャンとして、赴任する先々で教会設立に尽力し、長老として後進を指導します。

1935年に予備役となり、1943年、青山学院の第8代院長に就任しました。アジア太平洋戦争中の軍事教練の教官の前で戦争批判をしました。

軍人とクリスチャンの立場を分けて活動をしてきましたが、軍人職を離れたことで本音が出てしまったのでしょう。

しかし、海軍中将の肩書きのため大ごとにはならず、免職を免れました。

参考資料　ウィキペディア・小野徳三郎など

軍部を批判した内務官僚

澤田竹治郎さん

澤田竹治郎《さわだたけじろう》さん（１８８２年８月２日〜１９７３年３月11日）は岐阜県出身。１９０９年、内務官僚として、福岡県事務官補、愛知県理事官、岩手・長野各県警察部長などを経て、１９１８年から行政裁判所評定官をつとめ、１９４２年、同部長に就任しました。

アジア太平洋戦争中に「軍閥はその本分にもとり政治、産業を壟断し、独善専横をきわめ、戦争終結の時期と方法につき無計画・無方針である。大東亜戦も完全にわがほうの負けだ。軍閥が自分勝手な戦争を始めて国民に迷惑をかけるのはけしか

ます。

らん」と軍部批判をしました。

そのため、１９４５年５月１日、東京憲兵隊に陸軍刑法違反で拘束されてしまいます。

５月23日に保釈され、東京刑事地裁の禁固10か月の有罪となりますが、上告中に敗戦となり、免訴されました。

戦後、１９４６年、行政裁判所長官となりますが、同裁判所が廃止された後は、臨時法制調査会委員、地方制度調査会委員、公職資格訴願委員会委員長を務めます。

１９４７年から最高裁判所判事に就任しました。

参考資料　ウィキペディア・澤田竹治郎など

軍隊内で反戦活動をした兵士たち

広島県呉軍港における日本共産党の海軍向け機関紙『聳《そび》ゆるマスト』の活動は、軍隊の中での日本共産党の活動という点でも、日本帝国主義の中国侵略戦争への反対運動という点でも、戦前の日本共産党史上でも画期的なたたかいです。

満洲事変（1931年9月18日〜1933年5月31日）、上海事変（1932年1月28日〜3月3日）という日本帝国主義の中国侵略戦争が本格化するなかでの軍隊内での反戦平和のたたかいであっただけに、支配者たちに衝撃を与えました。

『聳ゆるマスト』は、1932年2月に日本共産党オルグなどによって編集され、日本共産党の機関紙『赤旗《せっき》』とともに軍艦内に持ち込まれ、6号まで発行されました。

坂口喜一郎さんや木村荘重さん（戦後、日本共産党員として島根県吉部村、今は津和野町の村長を務め、その後、離党）ら3人は、海軍の中に「社会科学研究会」をつくったことを理由に軍を除隊になっていましたが、これらの軍隊外の除隊組と現役の水兵たちの手によって100部近くの発行部数を持つ反戦反軍の日本共産党の新聞が軍艦内に配布されていました。

上海事変で呉港からも軍艦が出兵しましたが、おびただしい戦死者と負傷者を出して帰ってきます。

こうしたなか、兵士たちの不満を組織しながら、反戦と平和のたたかいがすすめられました。

1932年11月、特別高等警察に20数人が逮捕され、除隊組は治安維持法によって4人が、現役組は5人が軍法会議によって重罪にされます。

この中の山口という現役水兵は逮捕されて以後、行方不明になっています。

逮捕された者は、拷問にもかかわらず、口が堅く『赤旗《せっき》』1部と『聳ゆるマスト』1部が発見されただけでした。

宮内謙吉さんは、この件でただ一人の山口県出身者でした。

彼は1901年10月28日に、山口県最北の阿武郡田万崎村（今は萩市田万川町江崎）で生まれ、萩中学校を卒業して海軍に入ります。

軍務のかたわら文学を愛し、満洲事変が始まる1931年ごろから、木村荘重さんの影響でプロレタリア文学に目覚め、『聳ゆるマスト』の最初からの読者になり、さらに組織者になっていきます。

事件が起きたときは、二等看護兵曹で海軍10年の経験を持つ最年長者でした。軍法会議で懲役2年の実刑を受け、非転向でたたかい、山口刑務所に移送され、1934年9月に獄死しています。

懲役3年の懲役刑を受ける木村荘重さんとは彼が入院するのを機に知り合い、たたかいをともにします。

彼の義妹になる右田美子さんは山口県厚秋（今は山陽小野田市）出身で派遣看護婦として『聳ゆるマスト』の活動や救援活動に奮闘します。

現役の水兵で懲役6年という最も重い刑を受けた岡山県出身の小倉正弘さん（当

時、日本共産党員。その後、改姓して石飛正弘さん）は、戦後、日本共産党に再入党して山口県で活動していました。

参考資料　山岸一章さん『聳ゆるマスト』（１９８１年）。

『抵抗の群像　第１集』（２００８年３月15日。光陽出版社）。

戦争を批判した社会主義者

堺利彦さん

社会主義者の堺利彦《さかいとしひこ》さん（1871年1月15日〜1933年1月15日）は、日露戦争や満州事変の時に、戦争に強く反対しました。

豊前国仲津郡長井手永大坂村松坂（今の福岡県京都郡みやこ町犀川大坂字松坂）の士族の家の三男に生まれた堺さんは、自由民権運動（国会開設を求め、民主主義をめざした運動）の感化を受けながら育ちました。

地元の中学を首席で卒業して第一高等中学校に入学しますが、飲酒や遊びにふけって中退します。

その後は、一家の柱となって、大阪で小学校教師や新聞記者を勤めました。１８９９年から東京の新聞社・萬朝報《よろずちょうほう》に入社し、家庭や生活の改善、女性の地位向上などの記事を書きました。同僚に内村鑑三さんや幸徳秋水さんがいて、１９０１年に３人が中心となって、社会主義をめざす「理想団」という組織を作りました。

日露戦争の開戦がさしせまっていました。

萬朝報が主戦論に傾くと、戦争反対をとなえていた堺さんは、幸徳秋水さんとともに退社して、１９０３年に「平民社」を創立しました。

そして週刊の平民新聞を発行して反戦運動を展開します。

その頃から、社会正義と平和のためには、社会主義を実現することが大切だと考えるようになり、創刊１周年記念号に幸徳秋水さんと共訳の『共産党宣言』（カール・マルクスさん、フレードリヒ・エンゲルスさんの著書）を掲載しました（１９２１年５月）。

さらに、１９０６年には日本社会党を結成して評議員となりましたが、政府による社会主義への弾圧が進み、翌年に同党は解党され、１９０８年には赤旗事件、社会主義者の象徴とされていた『赤旗』を所持していたという理由で逮捕され、２年間入獄を余儀なくされました。

しかし、これが幸いして大逆事件（天皇の暗殺を計画したとし幸徳秋水さんら12人が処刑された事件）の難をのがれました。

出獄した堺さんは、社会主義運動がむずかしくなった「冬の時代」をしのぎ、さまざまな随筆や評論を書きながら、弾圧がゆるやかになる時機を待ちました。

第一次世界大戦中に、民主主義を求める民衆の運動が盛んになると、わかりやすい言葉で、社会の仕組みや政治のありかたを考えさせる文章を次々に発表して、大衆を啓蒙していきます。

１９２２年には日本共産党を創立して初代委員長になり、このころから精力的にマルクス主義思想の普及に努めました。

しかし、１９２３年の日本共産党弾圧事件で検挙され、保釈出獄後に日本共産党から離れて、合法的な政党を組織するようになりました。

１９３１年に満州事変がはじまると、労農大衆党の委員長として反戦の姿勢を貫き通しました。

１９３３年、社会主義者への弾圧が厳しい時代に、終生持論を曲げず、運動の中心となった生涯を閉じました。

参考資料　ウィキペディア・堺利彦など

幸徳秋水さん

幸徳秋水《こうとくしゅうすい》さん（本名・幸徳傳次郎さん。高知県幡多郡中村町、今の四万十市生まれ。１８７１年9月23日～１９１１年1月24日）。

薬種業と酒造業を営む旧家の三男に生まれ、子どもの頃から神童といわれました。

中村中学校を卒業。少年期から自由民権思想を抱き、中江兆民さんの書生となり、その思想・人格に感化されます。自由新聞、広島新聞、中央新聞を経て、1931年『萬朝報』の論説記者となります。

同年、社会主義研究会に入り社会主義者に転じ、1934年、片山潜さんらと社会民主党を結成（即日禁止）。

1904年2月8日の日露戦争開戦に反対して堺利彦さんらと平民社を結成、『平民新聞』を発刊、開戦後も〝非戦論〟を展開します。

参考資料　田中全さん『秋水を生んだ風土と人々　1～12』（『高知民報』2019年7月14日、7月21日、7月28日、8月4日、8月11日、8月25日、9月1日、9月8日、9月15日、9月22日、9月29日、10月6日の各号）。

坂本清馬さん

坂本清馬《さかもとせいま》さん（1885年7月4日～1975年1月15日）は、母の実家・高知県室戸市で生まれました。

坂本は母・芳さんの姓。父・岡村幸三郎さんは高知県中村（今は四万十市）生まれの紺屋職人で、2人は高知市で知り合ったとされています。

1906年、上京、砲兵工廠《ほうへいこうしょう》の警夫となり、翌年、幸徳秋水さんの書生に。

1908年、熊本評論の記者になります。

その後、帰京して幸徳さん方に寄食しましたが、意見の対立で飛び出し各地を放浪。

1908年、再上京、下谷の佐藤庄太郎さん方を訪ね、爆裂弾の製法を尋ねました。

これだけの理由で同年逮捕され、1911年1月18日、幸徳さんらと共に大逆罪で死刑判決（大逆事件）。

特赦で無期懲役に減刑され秋田刑務所で服役します。

その後、高知刑務所（今の高知市の城西公園のところにありました）に。

ここで、高知出身の反戦詩詩人・槇村浩《まきむらこう》さん（１９１２年9月1日～１９３８年9月3日。享年26歳）と知り合います。

１９３４年11月3日、坂本清馬さんが高知刑務所から仮出獄します。

１９４７年、特赦で復権します。

戦後まもなく、独自の「日本皇国憲法草案」を発表します。

日中友好協会中村支部を結成し、公民館建設、結核療養所（のちの県立西南病院）誘致などの「住民運動」にも取り組みます。


中村では敗戦の翌年1月24日から秋水墓前供養（法要）が始まりました。

最初は幸徳家の行事として富治さん（駒太郎さんの長男）が主催したものですが、中村に清馬さんがいたからこそ、法要が早々に実現したものです。

1960年、秋水50年祭では実行委員会事務局長を務めました（会長は中村市長）。

1975年1月15日に坂本清馬さんが亡くなります。墓は、秋水さんが眠る中村の正福寺幸徳家墓と同じ並び、裁判所壁際に、大逆事件の真実をあきらかにする会、中村地区労働組合協議会、坂本清馬翁を追悼する会の三者によって建てられました。

2015年、初めて秋水さんとの合同墓前祭とし（以後5年毎）、命日（秋水さんより9日早い）には有志で墓前供養を始めます。

2017年には、墓地入口看板を秋水さん・清馬さん連名とし、清馬さんの説明板も設置しました。

参考資料　坂本清馬さん『坂本清馬自伝　大逆事件に生きる』（1976年1月1日。大逆事件の真相をあきらかにする会）。
布施柑治さん『布施辰治外伝　幸徳事件より松川事件まで』（1974年12月。未来社）。

田中全さん『秋水を生んだ風土と人々』(『高知民報』２０１９年７月14日号〜10月６日号)。

右翼の暴徒に殺された衆議院議員

山本宣治さん

山本宣治さん（１８８９年5月28日～１９２９年3月5日）は、京都府出身。京都府京都市の新京極で、花かんざし屋のワンプライスショップ（今でいうアクセサリー店）を営む山本亀松さん、多年さんの一人息子として生まれました。両親は熱心なクリスチャンでした。宣治の名は宣教師の「宣」に因みました。両親の厳粛な耶蘇教主義の薫陶《くんとう》を受けて育ちました。

１９０１年、神戸中学校に入学しましたが、身体虚弱のため中退しました。両親が彼の養育のために建てた宇治川畔の別荘（後に料理旅館「花やしき浮舟園」に発展）で花づくりをして育ちました。

園芸家を志して１９０６年、大隈重信さん邸へ住み込み、園芸修行をします。

１９０７年からカナダのバンクーバーに渡ります。５年間、皿洗い、コック、園丁、鮭取り漁夫、列車給仕、伐木人夫、旅館のウェイターなど30余種の職業を転々として、かたわら小学校、中学校に通います。１９１１年、父が病気のため急遽帰国します。

この間に『共産党宣言』、『種の起源』、『進化論』などを学びました。

１９１２年、同志社普通部４年に入学します。

１９１４年、丸上千代さんと結婚し、長男・英治さんが生まれます。

１９１７年、28歳の時に第三高等学校第二部乙類を卒業し、東京帝国大学理学部動物学科に入学します。

１９２０年、同大学を卒業しました。論文は『イモリの精子発達』。

大学を卒業して直ちに京都に帰り、京都帝国大学大学院に入学、染色体の研究に着手します。

かたわら同志社大学講師として「人生生物学」、「性教育」を講じます。

１９２１年、京都帝国大学医学部講師として大津臨湖実験所に通います。

１９２３年、京都帝国大学理学部講師となります。

１９２４年１月、西尾末広さんなどが設立した大阪労働学校の講師に就任。同年３月には京都労働学校の校長に就任します。

同年５月、鳥取で産児制限の講演をした際、その内容を警察官に激怒され、この出来事が新聞に載ってしまいます。このことが原因で山本さんは京都帝国大学を追放されます。

同年６月、大山郁夫さんらにより設立された政治研究会の京都支部設立に参加します。

同年に既存の産児制限の理論とは違うアプローチをした『産兒調節評論』を出版します。

１９２５年、京都帝国大学や同志社大学などでマルクス主義の研究サークルが弾圧された京都学連事件のため12月に家宅捜査を受けます。

1928年、同志社大学を辞めさせられます。

同年3月、京都地方全国無産党期成同盟に参加します。

同年5月、労働農民党京滋支部に参加します。

同年6月、京都で小作争議が起こりこれを指導します。

同年10月、議会解散請願運動全国代表に就任します。

1927年5月、普通選挙を前にした衆議院京都5区の補欠選挙に労農党から立候補要請を受けます。当初は病気を理由に固辞していましたが、同党の水谷長三郎さんにまだ被選挙権が無かったことや日本共産党の要請もあり、労農党公認で立候補しました。489票で落選しましたが（当選は立憲政友会の垂水新太郎さん、4843票）、投票できる人は直接国税を15円以上おさめる満25歳以上の男子に限られた制限選挙であり、この時点で有権者であった中産階級以上と対立する政策を掲げたことを考えれば善戦といえました。

同年8月、父・亀松さんが死去し「花やしき浮舟園」の主人になります。

同年12月、労農党京都府連合会委員長に就任します。

翌1928年の第1回普通選挙（第16回衆議院議員総選挙）に京都2区から立候補し、14412票で当選します。

労農党からは水谷長三郎さんとの2人が当選しましたが、山本さんは日本共産党推薦（当時は非合法のため非公式）候補であり、反共主義者の水谷さんとは一線を画します。

同年、三・一五事件では、事件を事前に察知していた谷口善太郎さんからの忠告を受け日本共産党関連の書類を全て処分していたため、事無きを得ます。

第55・56回帝国議会では治安維持法改正に反対します。

1928年3月5日、衆議院で反対討論を行う予定でしたが、与党立憲政友会の動議により強行採決され、討論できないまま可決されます。

その夜、右翼団体である七生義団の黒田保久二に刺殺されます。39歳でした。

死後、日本共産党員に加えられます。

母の多年さんも、戦後、日本共産党に入党します。

子どもは男3人女2人いましたが、遺族は第二次世界大戦敗戦まで警察の干渉に悩まされました。

墓碑については、これは墓ではなく記念碑であるとして記念碑建立の手続きをさせ、数年間許可を出そうとしませんでした。

碑文についても文句を付けられ、セメントで塗り潰すよう命じられます。

長男は第三高等学校と早稲田大学を受験したが、「自分の信念を突進んで大衆のために死んだ」父を尊敬していると面接で述べたところ、いずれも落とされてしまいます（その後、関西学院に入学します）。

碑文は塗り潰されては何者かに剥《は》がされることの繰り返しでした。

敗戦後の1945年12月、戦後最初の追悼墓前祭でセメントが取り外され、名実共に復旧します。

墓碑の「花屋敷山本家之墓」を揮毫《きごう》したのは、宮廷歌人・書家の阪正臣さんです。阪は思想的には山本さんと対照的な立場でありましたが、母の多年さんが和歌で阪さんに師事したいきさつによります。

帝国議会での治安維持法改悪反対を訴える「実に今や階級的立場を守るものはた

だ一人だ、山宣独り孤塁を守る！　だが僕は淋しくない、背後には多くの大衆が支持しているから……（「背後には多数の同志が……」とするものもある）」という全国農民組合大会での演説の一節は、彼の碑銘になっています。

参考資料　西尾治郎平さん、矢沢保さん編『増補改訂版　日本の革命歌』（1985年2月20日増補改訂版発行。一声社）。
彼の生涯を描いた映画「武器なき斗い」（山本薩夫監督）があります。西口克己さんによる評伝『山宣』を映画化したもので、総評が中心となってその映画化に奔走し、勤労者などからのカンパによって映画化がなりました。1960年の公開です。

軍隊に反戦ビラを撒布した人たち

相良新一さん、柴田清作さんら

１９３０年４月25日、反戦活動家が宮城県仙台の陸軍若松二十九連隊の兵舎内に、軍旗祭の人込みを利用して４００枚の反戦ビラを撒《ま》きます。

翌４月26日の地元紙には「軍旗祭の人出を利用　ある種の文書撒布」、「軍旗祭に不穏文書」の見出しが踊ります。

反戦ビラまきを計画したのは相良新一さんらのグループです。

若松には軍隊があり、中国への侵略戦争をもくろむ日本帝国主義に対して反戦運動をやることが、自分たちに課せられた任務だと計画されたものです。

ビラの文章は相良新一さんが担当です。「親愛なる労働者・農民よりなる兵士諸君！」という書きだしで「戦争の危機がせまっている」、「あなた自身もこの戦争に反対せざるをえない」と、戦争に反対してたたかうよう訴えたものです。

ビラまきには、相良新一さんと常日頃行動を共にしている柴田清作さんは特別高等警察に知られているので除外し、他の組織から13人を選びました。

二十九連隊は、中隊が12中隊と機関銃隊が1個中隊の編成で、1人が1中隊を担当します。そのほかに移動本部があり、これは、佐藤一郎さんがあたり、時間を切って行動を開始します。

1人30枚くらいのビラを持って全員がいっせいに正門から入り、10分から20分の時間内で配り終え、南門から出ます。

出入口に2人の見張りを立て、任務を終えて出てくる者を確認し、事故が起きて出てこなければすぐ分かるようにしておきました。

ビラは各隊内の整理箱、寝台の下、便所の中などさまざまな場所にまんべんなく入れてきます。

相良さんと柴田さんはアリバイづくりのため、若松駅2階にある玉突き場で玉を突いて遊んでいて終了の合図を待っていました。

ビラ撒きは成功しましたが、その後、特別高等警察や憲兵隊の捜査が進みます。ビラ撒きは相良さんと柴田さんの2人がやったことにし、表向きは決着をつけました。

相良新一さんは正式裁判を望み、法廷であらそいました。

「このビラのどこが悪い。こんないいことが書いてあるのに出版法違反とは何だ!」、「届け出てないからと言うんだったら、じゃあ足袋屋の広告はどうするんだ。あれも出版法違反か。どだい話がでたらめ過ぎる。こんなの無罪じゃないか」と抗弁しました。

しかし、結末は罰金40円、出版法違反の判決がだされました。

このビラくばり事件を第二無産者新聞が報じたことがきっかけになって、全国各地でビラがまかれるようになりました。

その後、相良新一さんは会津中学校の同窓生で医者になった7人が「精神異常者」という診断書を書き、座敷牢に入れられます。

さらに郡山の精神病院に入院させられ、1937年6月に退院します。

相良さんを精神病者としたことは、相良さんを治安維持法の網から救うために、同級生仲間が考えた手段だったといわれています。

終戦後、相良新一さん、山内鎮雄さん、横田正三さんらは日本共産党会津地区委員会を結成します。

事務所は山内さんの自宅、山内ヨネ医院の待合室に置かれました。

相良さんは、1946年の第1回メーデーで、新調した赤旗をかついで日本共産党の先頭に立ちます。

8人の子宝に恵まれます。

1971年2月12日、69歳で没します。

参考資料　治安維持法犠牲者国家賠償要求同盟会津支部編『戦前の会津における反戦活動に学ぶ――若松二十九聯隊を中心に――』（1995年8月）。

治安維持法犠牲者国家賠償要求同盟編『抵抗の群像　第1集』（2008年3月15日。光陽出版社）。

毛利孟夫さんと山﨑小糸さん

毛利孟夫《もうりたけお》さん（高知県香美郡槇山出身。父は繁雄さん、母は重美さん。1912年12月15日～1993年3月25日。享年80歳）と山﨑小糸さん（高知県長岡郡絶海《たるみ》出身。1913年2月15日生まれ。父・高須村長の巌さん、母・かめさんの三女。1985年4月16日、脳溢血《のういっけつ》で死亡）は、高知市曙町の陸軍歩兵四十四連隊の兵舎内に反戦ビラを配布します。

毛利孟夫さんは、高知市の高知工業学校在学中に『戦旗』の読者会を組織、さらに高知県立第一高等女学校、海南中学校の読書会とも連絡を取ります。

1929年、槇村浩さんと『戦旗』高知支局・中学班を構成します。

1931年、日本プロレタリア作家同盟、日本プロレタリア映画同盟に加わります。

1932年、プロレタリア文学講習会講師を務めます。

同年2月、日本共産青年同盟高知地区委員会を結成します。

山﨑小糸さんは、男勝りの活発な娘で、「行儀」の項目を除くと小学校の成績は抜群でした。

小さいころから父の書斎の本を片っ端から読破。小学校高学年で、すでに『論語』を読んでいました。

そして、生涯『論語』は好きでした。

小学校高等科1年から第一高等女学校（今の高知県立高知丸の内高等学校）に入学します。

在学中、ドイツの社会主義者、アウグスト・ベーベルさん（1840年2月22日〜1913年8月13日）の『婦人論』などをテキストにして、一部の教師を巻き込みながら読書会を組織します。

治安維持法に、国会でただ1人反対して殺された山本宣治《やまもとせんじ》さん（京都府出身。1889年5月28日〜1929年3月5日）の教えに近づきたいと新労働党高知支部に出入りしていましたので、そこで手に入る全日本無産者芸術連盟の機関誌『戦旗《せんき》』や無産者新聞（1928年5月〜1931年12月）もテキストにしました。

高知城東中学校（今の高知県立高知追手前高等学校）、城北中学校（今の高知県立高知小津高等学校）や高知工業学校（今の高知県立高知工業高等学校）にも『戦旗』読者会が組織され、それらとの連絡組織も確立します。

1930年、第一高等女学校を5年で中退します。卒業まで半年を残していましたが、一刻も早く社会運動、労働運動に身を捧げたかったからです。

退学と同時に、新労働党の幹部の紹介で中村（今の四万十市）の医院に勤めようと家出しますが、到着直後、家族からの保護願いで、高知に連れ戻されます。

その後、土佐バスの車掌《しゃしょう》になりますが、「赤」であるとの理由で3か月で解雇されます。

1932年春、下川繊維工場の女工となり、学習会をもち、労働組合づくりをすすめます。

同年8月6日、女工たちは8項目の要求を工場主に提出し、待遇改善運動に立ち上がります。

山﨑小糸さんは、この時、高知警察署に首謀者として逮捕、留置されます。

女工たちの抗議のストライキに対して、工場側は要求を受け入れて妥結しました。

山﨑小糸さんは解雇され、1週間留置されたあと釈放されます。

同年11月末、日本共産青年同盟員となり、『レーニン青年』の読者になります。

同時に日本共産党機関紙・赤旗《せっき》の読者になります。

釈放後は自宅に軟禁状態でした。彼女や人の出入りを見張るため、警察が毎日、家の周辺で張り込んでいました。

彼女は、家を抜け出し、日本共産青年同盟高知地区委員会や日本労働組合全国協議会（全協）高知地方協議会の再建に取り組むようになります。

その過程で、文化活動家や吉田豊道さん（ペンネーム・槙村浩《まきむらこう》さん）、毛利孟夫さんらが加盟してきます。

１９３１年2月、日本共産青年同盟高知地区委員会が再建できます。任務分担で彼女は繊維部門の責任者になります。

同時に、日本労働組合全国協議会（全協）高知地区協議会も確立されます。日本共産青年同盟高知地区委員は、４月には36人になります。

２月24日、高知の陸軍高知歩兵第四十四連隊に対し中国への動員命令が出、２月29日に高知の須崎港から出発して上海に上陸します。

彼女らは、そういう軍隊の動きや動員命令が出たこともつかんでいました。そこで、２月の初旬から反戦ビラを工場や高知市内各所で撒布したり、電柱などにはりめぐらせます。

２月20日におこなわれた衆議院議員選挙の時には、日本共産青年同盟高知地区委員会の署名入りの「労働者、農民は日本共産党を支持せよ」のビラを撒布します。

外出中の兵士には、女性の絵を描いたカフェ風のマッチ箱にビラを入れてそっと握らせます。

日本共産青年同盟高知地区委員会は、反戦闘争の1つとして、高知市朝倉の陸軍高知歩兵第四十四連隊（今の高知大学などの場所にありました）内に反戦ビラを撒くことを決定します。

高知市西町の彫刻家・島村治文さんの表座敷を高知高校生の森山正也さん（徳島市出身）が借りていました。

2月28日、そこに池本良三郎さん、槇村浩さん、山﨑小糸さんが集まって、それぞれ意見を出し合ってビラを作成し、槇村浩さんが終日ガリ切りをして、ビラが出来上がったのは夜の10時ごろでした。

「兵士諸君！　敵と味方を間違えるな」、「兵士諸君！　銃を後に向けろ」で始まるビラでした。

毛利孟夫さんの家は、高知市旭下島町の片倉製糸の前でした。

400枚のビラは毛利孟夫さんのマントの中に隠しました。

毛利孟夫さんの家を出発したのは午前零時ごろでした。

毛利さん、山﨑さんは、途中、鏡川橋の上で「今夜見つけられたら銃殺ぜよ」、「そりゃそうよ」という会話を交わしました。

人通りの途絶えた道を黙々と歩いて、陸軍歩兵第四十四連隊の兵営に着いたのは夜中の1時近くでした。

イヌに吠えられることを恐れながら、兵舎を囲う鉄線やカラタチの垣根の小さな破れから中に入ります。

兵舎の東側から兵営内に近づきます。

毛利孟夫さんが兵営に忍び込み、山﨑小糸さんは見張り役でした。

毛利孟夫さんは、腹ばいで移動しながら、炊事場や便所、建物の隙間などにビラを入れます。

その後、練兵場に2人で反戦ビラを撒きます。

3月14日にも、高知高等学校の日本共産青年同盟員たちが、兵舎周辺に「兵士諸君、敵と味方を間違えるな」、「銃を後ろに向けろ」というビラを散布します。

ビラのほとんどは槇村浩さんの作製で、いずれのビラにも日本共産青年同盟の署名入り、文面やそのデザインも読みやすく、また誰にも理解されやすいように工夫されていました。

陸軍高知歩兵第四十四連隊の出動は、3月15日に土陽新聞に出ます。

この年の4月、山﨑小糸さんは日本共産党党員候補に推薦されます。

1932年、日本共産主義青年同盟高知地区委員会の確立と時をおなじくして、日本労働組合全国協議会高知地区協議会が確立されます。

山﨑小糸さんは、繊維部門（片倉製糸、後免組合製糸、下川じゅうたん工場）の責任者になります。

1932年初旬から、山﨑小糸さん、槇村浩さんは、片倉製糸の女工たちの運動を支援します。

1932年4月6日、高知市潮江小石木山で、日本共産青年同盟の高知地区委員会総会が開かれ、山﨑小糸さんは繊維細胞（日本共産党の基礎組織、支部のこと）のキャップになります。

ところが、この会合は特別高等警察に探知され、山の下には特別高等警察官の姿が見えるということでしたので、会議は早く切りあげられ、10人くらいの参加者は、1人、2人とわかれて、ちりぢりになって山を下っていきました。

山﨑小糸さんは、筆山《ひつざん》を南に下り、セメント工場の裏手に下りました。

4月21日、第3次のいっせい検挙があり、50人あまりが逮捕されます。

山﨑小糸さんは、4月21日午後9時ごろ、高知市旭で製糸工の林元子さんと街頭連絡中に逮捕されます。

2人は、その場から高知県の伊野町(今は、いの町)の伊野警察署に車で連行されます。5月には高知県の佐川警察署に移され、8月には高知県南国市の大篠警察署、12月には土佐山田警察署と回され、そして1933年2月12日に釈放されるまでここにいました。

この時逮捕された50人の大半は3か月ほど留置され、起訴された6人は懲役3年から2年の懲役刑の判決を受けます。

槇村浩さんも3年の判決を受けます。

山﨑小糸さんは、未成年ということで、起訴留保のまま北朝鮮にいる兄に引き取られることになりました。

自宅に寄ることなく、高知港まで刑事がそばにつき、そして、朝鮮半島に着いてからは現地の警察官がそばについて護送されました。

山﨑小糸さんは、1985年4月16日、脳梗塞《のうこうそく》で死亡しました。享年72歳。

参考資料　岡本正光さん、山﨑小糸さん、井上泉さん編『槇村浩全集』（1984年1月20日）。

短詩系文学で戦争に反対した人々

短詩系文学というのは俳句、川柳、短歌を指します。

俳句、川柳は、五音、七音、五音でなっています。両方とも俳諧から派生した近代文芸です。俳句は季語がつきものですが、川柳はそれにこだわらず物事を批判していきます。

短歌は、五音、七音、五音、七音、七音で構成されます。

反戦の俳句の詠み人たち

戦前の天皇制政府は、戦争反対と主権在民を求めた日本共産党に対して残虐な弾圧でのぞみ、ついでそれを国民全体に広げ、表現の自由を圧殺していきました。それは言論・文化のあらゆる分野に及びました。

俳句の分野でも真っ先に『プロレタリア俳句』が1931年2月発刊と同時に発禁とされます。

そのころ俳句界では高浜虚子さんの「ホトトギス」から水原秋櫻子さんが離脱(同年10月)し、新興俳句が広がりをみせていました。

短詩型が特徴の俳句は、現実への鋭い視点と、みずみずしい感性がなければ成立しません。

しかし、特高警察の弾圧は、この俳句成立の根本条件ともいえるものにむけられました。

1940年2月から8月、新興俳句の中心だった俳誌『京大俳句』の会員である平畑静塔さん、波止影夫さんら15人が相次いで特高警察によって検挙されます。

熱い味噌汁をすすりあなたいないない
ホスピタル鏡を朝な女のみがく

これが「反戦思想を含せしめたる作品」とされました。

黙々と鉄槌ふり我等何を見る
ネクタイを締めて薄給かくす夏

これが「銃後の生活苦等を素材としたる反戦俳句」とされました。

裁判所はこれをもって「一般大衆に階級的、反戦、反軍的意識を浸透せしめ、其《そ》の左翼化に努め、以《もっ》てコミンテルン日本共産党の目的遂行の為《ため》にする行為」(「京大俳句」事件の「予審終結決定書」）としたのです。

１９４１年2月には、荻原井泉水さんの俳句革新に共鳴しプロレタリア文学理論を句作に導入した栗林一石路が橋本夢道らとつくった自由律系の『俳句生活』や『日本俳句』（『生活派』改題）、新興俳句関係の『広場』、『土上《どじょう》』という東京の4俳誌の13人が、同年10月には山口県宇部市で『山脈』の山崎青鐘さんら10人が検挙されます。同年12月8日のアジア太平洋戦争開戦前夜のことです。戦争の進行とともに、えん戦気分につながる表現もチェックされ、１９４３年6月には鹿児島で『きりしま』の面高秀さんら3人、同年12月には秋田で『蠍《さそり》座』の2人が検挙されるなど、地方の小さな俳句同人誌にもおよびました。『土上』主宰の嶋田青峰さんは留置場で病気が悪化し伏せったまま3年後に死去しました。

参考資料

『特高警察黒書』（１９７７年6月1日。新日本出版社）。
『日本プロレタリア文学集・40』（１９８８年11月30日。新日本出版社）の谷山花猿解説。

田島和生さん著『新興俳人の群像「京大俳句」の光と影』(2005年7月1日。思文閣出版)。

2006年3月11日付　日本共産党の、しんぶん赤旗「戦前は、俳句も弾圧されたの?」。

鶴彬《つるあきら》の反戦川柳を読む

川柳は、5・7・5の文字で人情の機微や心の動きをうたいます。

このテーマを反戦においた作家もいました。

その1人・鶴彬《つるあきら》さんの生涯を調べました。

鶴彬さんは、1909年元日(実際は1908年12月)、石川県河北郡高松町(今は、かほく市高松)で竹細工職人の喜多松太郎さんと、その妻・スズ(寿ず)さんのもとに三男三女の二男として生まれます。本名・喜多一二《きたかつじ》さん。

この年、政治家の伊藤博文《いとうひろぶみ》さん（１８４１年10月16日〜１９０９年10月26日）が、ハルピン駅で朝鮮人・安重根《アン・ジュングン》さんに暗殺されています。

生後すぐに機屋を営む叔父・喜多弁太郎さんの養子となります。

１９１７年、喜多弁太郎さんが死去します。

母の再婚、上京のため、兄、弟妹らも養子となります。

尋常小学校在籍中から、北国新聞の子ども欄に短歌、俳句を投稿しました。

１９２１年、尋常小学校を卒業しましたが、師範学校進学を養父に拒まれ断念、高等科に進学しました。

近所の川柳家・岡田太一さん（澄水）に川柳の指導をうけ、句作をはじめました。

１９２４年10月25日、ペンネーム「喜多一児」で「北国柳壇」（北国新聞夕刊）に作品を発表しました。

燐寸《まっち》の棒の燃焼にも似た生命《いのち》

（１９２４年10月25日。北国新聞夕刊　「北国柳壇」）

15歳で新聞の川柳欄に入選した鶴彬さんのデビュー作です。
味わうと「ううん、そうなんだね」と、打ちのめされたような気分になります。

縮まって女工未明の街を行く

（1924年12月。北国新聞夕刊「北国柳壇」）

寒い早朝なのでしょう。体をちぢめて職場へ急ぐ女工の姿に仲間としての温かい眼をむけています。

肺を病む女工故郷へ死に来る

（1927年6月。北国新聞夕刊「北国柳壇」）

都会で働いて働いて、肺結核に侵された女性をうたいます。当時、肺結核は死の病でした。

喜多一二さんは、社会運動のたかまりのなかで成長し、19歳でナップ（全日本無産者芸術連盟）高松支部を結成します。

全日本無産者芸術連盟は、プロレタリア文学・芸術運動の組織です。1927年、プロレタリア文学運動の組織は分裂した3団体（日本プロレタリア芸術連盟、労働芸術家連盟、前衛芸術家連盟）がお互いに対立していました。この状況を打開しようと、1928年、評論家の蔵原惟人《くらはらこれひと》さん（東京府東京市麻布区三軒町出身。1902年1月26日～1991年1月25日）は、組織はそのままでの連携を呼びかけ、日本左翼文芸家総連合が、3月に結成されます。

しかし、その直後、三・一五事件と呼ばれる日本共産党への弾圧が起きると、日本共産党と距離を置いていた労農芸術連盟（1926年結成）は、連携に積極的になります。

逆に、この弾圧をきっかけに、分裂状態の解消に動き、組織を合同して、全国無産者芸術連盟を結成します。

日本共産青年同盟は、1923年4月5日、東京府豊多摩郡戸塚町字源兵衛（今の東京都新宿区西早稲田）の暁民会事務所で結成します。

1925年4月22日に制定された治安維持法違反は、皇室や私有財産を否定する運動を取り締まる法律です。


喜多一二さんは、1930年1月10日、21歳で陸軍第九師団金沢歩兵七連隊に入営しました。

養父が入隊のために用意した紋付を「天皇陛下は貧乏人に無理してまで着て来いとは言われない」と言って、木綿の紺がすりを着流しにして第七連隊の門をくぐりました。

高松駅では「祝入営」と書いた幟《のぼり》が林立していましたが、一本だけ長い赤旗のような布に「送る同志」と書いたのが鶴彬さんの幟でした。

駅長が危険信号と見誤ると抗議したので、一応下ろしたものの汽車が出発するや、隊まで同行した彼の同志たちは、窓からこの幟をサッと渡しました。
喜多一二さんは、九連隊で上官の暴力制裁に抗議して「なぐらない同盟」をつくるなど、様々な反軍的活動を組織します。

立《たち》禁《きん》の札をへし折り夜刈りの灯　（1930年3月。『川柳人』）

立禁とは、高札、看板、掲示板、街頭ポスター、広告のことです。似た作品に次のようなものがあります。

立禁の札を俺ら方でぶっ立てべえよ　（1930年3月。『川柳人』）

反戦川柳をつくって戦争反対を貫きます。
1930年7月、喜多一二さんは、外部から日本共産青年同盟の機関紙『無産青年』をもちこむなどして逮捕されます。

同年12月25日の金沢の北国新聞は、12月22日の午前6時、日本労働組合全国協議会石川支部のキャップ・蓮村時男さんが東京で逮捕されたことを伝え、彼を首謀者とする軍隊赤化事件が、金沢第七連隊内で行われたことをほのめかします。

年を越した1931年2月21日付の北国新聞は、蓮村時男さんとともに名古屋新聞金沢支局の記者で1928年6月に結成された全日本無産者芸術団体連絡協議会の石川支部書記長・小島源作さんが、この事件に関連し、さらに彼が第七連隊に1930年1月に入隊した2人の陸軍二等兵、角田通信さん、喜多一二さんとともに起訴され、すでに予審を終結し、有罪と決定したことを伝えます。

喜多一二さんは、懲役2年の判決を受けます。

1933年、二等兵のまま除隊した喜多一二さんは、かつて、青年団活動やプロレタリア川柳の会のメンバーだった高松町の沖の平吉さんのもとに寄宿します。

喜多一二さんは、1935年に釈放されるまでの1年8か月間、軍の刑務所である大阪衛戍監獄に収監されます。

その直後にふたたび治安維持法違反で、東京の野方署に留置されます。

万歳とあげて行った手を大陸へおいて来た　（1937年11月。『川柳人』）

1937年7月7日、盧溝橋事件が発端となり日中戦争が始まりました。なんという強烈な句でしょうか。

喜多一二さんは、1937年8月、赤痢に感染、未釈放のまま東京市淀橋区柏木町豊多摩病院に移されます。同年9月14日午後3時40分ごろ、勾留を解かれないまま病院で亡くなります。

特別高等警察（特高）に虐殺された作家の小林多喜二さんと同じ29歳でした。喜多一二さんの出身地の高松町には「枯れ芝よ！　団結をして春を待つ」の句碑が建っており、鶴彬を顕彰する会もつくられています。

『鶴彬全集』を復刻した澤地久枝さんは、こう語っています。

一番最後の句が『胎内の動き知るころ骨がつき』というのもすごいことです。身ごもった赤ちゃんの胎動がわかって生まれてくる日を告げているというのに、父親は戦死しその遺骨が届く。子は父を失い母は夫を失う。戦争をみごとに突いた句です。…警察は謝れば出すのに、鶴彬は、結局志を曲げなかった。日中戦争が激しくなった1938年9月14日に息を引き取った青年は、最後まで反戦の筋を通し死んでいった。痛ましい、しかしみごとな人生だと思います。

日中戦争は、1937年〜1945年までの大日本帝国が中華民国に侵略した戦争です。

喜多一二さんの墓は盛岡市の光照寺の墓地にあります。

大阪市中央区の大阪城公園の豊国神社近くに、鶴彬さんの顕彰碑があります（あかつき川柳が建立）。

参考資料

一叩人さん編『鶴彬全集』（１９７７年。増補改訂版、１９８８年。たいまつ社）。復刻責任者＝澤地久枝さん。

一叩人さん編『反戦川柳人・鶴彬―作品と時代』（１９７８年。たいまつ社）。

岡田一杜さん編『鶴彬句集』（１９８７年９月。和川柳社）。

坂本幸四郎さん『井上剣花坊・鶴彬 川柳革新の旗手たち』（１９９０年。リブロポート：シリーズ民間日本学者）。

深井一郎さん『反戦 川柳作家　鶴彬』（１９９８年。日本機関紙出版センター）。

小沢信男さん編『松倉米吉・富田木歩・鶴彬』（２００２年。ＥＤＩ叢書）。

木村哲也さん編『現代仮名遣い版　鶴彬全川柳　手と足をもいだ丸太にしてかえし』（２００７年。邑書林）。

尾藤一泉さん編『鶴彬の川柳と叫び』（２００９年。新葉館ブックス）。

映画「鶴彬《つるあきら》―こころの軌跡―」（２００９年。神山征二郎監督）。

反戦の短歌を詠んだ人びと

土岐哀果さん

土岐哀果《ときあいか》さん（本名・土岐善麿《ときぜんまろ》さん。東京府東京市浅草区浅草松清町、今は東京都台東区西浅草1丁目の真宗大谷派の寺院、等光寺の二男として1885年6月8日に誕生しました。

東京府立第一中学校（今の東京都立日比谷高等学校）の在学中から学友会雑誌に文章、短歌、俳句の投稿を始めます。

早稲田大学卒業後、読売新聞社会部記者となった1910年に、第1歌集《NAKIWARAI》を「哀果」の号で出版します。この歌集はローマ字綴りの1首3行書きというものです。石川啄木さんに影響を与えました。

いまもなお、青き顔して、
革命を、ひとり説くらむ。
ひさしく逢わず。

わが友の、寝台《ねだい》の下の、
鞄《かばん》より、
国禁の書を借りてゆくかな。

手の白き労働者こそ哀《かな》しけれ、
国禁の書を、
涙して読めり。

（以上、１９１２年２月刊行の歌集『黄昏に』）

１９１１年、大杉栄さん、荒畑寒村さんらと「近代思想」の執筆者に加わり、大杉さんと知り合います。そこから社会主義的傾向を持つようになります。

1913年、読売新聞特派員として満州、朝鮮を視察します。

1940年、論説委員を最後に朝日新聞を退社します。

この年に出版した歌集『六月』は反軍国主義的な性格を含んでいたことから、「潮音」にて匿名歌人・桐谷侃三さんに非難されます。

1980年4月15日に東京都目黒区下目黒で心不全で亡くなりました。享年94歳。

参考資料　『日本プロレタリア文学集・40　プロレタリア短歌・俳句・川柳集』（1988年11月30日。新日本出版社）。

石川啄木さん

石川啄木《いしかわたくぼく》さん（本名・石川一《いしかわはじめ》さん。岩手県南岩手郡日戸村、今の盛岡市日戸出身。

1886年2月20日に誕生）は、父・石川一禎《いしかわいってい》さんと母・カツさんの長男です。

生後まもなく、父・一禎さんが渋民村の宝徳寺住職となります。

唯一の男子として両親の愛情を一身に受け、村人からは神童と騒がれ、気位高く育ちます。

盛岡中学在学の時に『明星』に感銘、17歳の時、文学を志して上京しますが、健康を害し帰郷します。

20歳で処女詩集『あこがれ』を出版します。

平手もて
吹雪《ふぶき》にぬけし顔を拭く
友《とも》共産を主義とせりけり

（1910年12月刊行の詩集『一握の砂』から）

「労働者」「革命」などという言葉を

聞き覚えたる
五歳の子かな。

友も妻もかなしと思うらし——
病みても猶、
革命のこと口に絶たねば。

（1912年6月刊行の『悲しき玩具』から）

赤紙の表紙手ずれし国禁の書よみふけり秋の夜を寝ず

（1910年　歌稿ノート　から）

ことさらに燈火を消してまじまじと革命の日を思い続ける

（1910年　歌稿ノート　から）

地図の上朝鮮国に黒々と墨をぬりつつ秋風を聞く　（1910年9月9日夜）

常日頃好みて言いし革命の語をかなしみ顔なぜて吹く　（1910年9月9日夜）

時代閉塞の現実をいかにせむ秋に入りてことに思うか　（1910年9月9日夜）

啄木さんは、1912年4月13日。26歳没。
墓地は北海道函館市立待岬にあります
高知市のJR高知駅の南に石川一禎《いってい》さん、息子の石川啄木さんの歌碑があります。

参考資料　草壁焔太さん著『啄木と牧水―二つの流星』（1976年。日貿出版社）。
草壁焔太さん著『石川啄木―天才の自己形成』（1977年6月。講談社現代新書）。

『石川啄木全集』（1978年。筑摩書房）。

桜井健治さん著『啄木と函館』（1988年6月。幻洋社）。

国際啄木学会編『論集 石川啄木』（1997年10月。おうふう）。

遊座昭吾さん著『北天の詩想―啄木・賢治、それ以前・それ以後』（2008年10月。桜出版）。

池田功著さん著『啄木日記を読む』（2011年。新日本出版社）。

長浜功さん著『啄木を支えた北の大地―北海道の三五六日』（2012年2月。社会評論社）。

戦争に反対した詩人たち

今野大力さん

今野《こんの》大力《だいりき》さん（宮城県伊具郡丸森町生まれ。１９０４年2月5日～１９３５年6月19日）は、詩人です。

３歳の時、北海道旭川市に移ります。

父母は馬車鉄道の待合所をかねて雑貨店を営みますが、貧しい中で弟や妹を出生間もなく失います。

小学校卒業後、新聞社給仕を経て、旭川郵便局に勤務。

この頃から詩作を始めます。

17歳のころからは叙情性の豊かな作品で詩人としての才能が認められ、文学活動をつづけるなかで、民衆の生活への社会的関心をつよめていきます。

１９２７年に小熊秀雄さんらと詩誌『円筒帽』を発刊します。

その後、上京し、『婦人戦旗』などの編集にたずさわります。

１９３１年、同年11月に結成された日本プロレタリア文化連盟の結成に参加し、『プロレタリア文学』などに反戦詩を発表します。

反戦詩「凍土を噛《か》む」が、『プロレタリア文学』１９３２年2月号に発表されます。

凍土を噛む

今野　大力

土に噛りついても故国は遠い
負いつ　負われつ

おれもおまえも負傷した兵士
おまえが先か
おれが先か
おれもおまえも知らない
おれたちは故国へ帰ろう
おれたちは同じ仲間のものだ
お前を助けるのは俺
俺を助けるのはお前だ
おれたちは故国へ帰ろう
この北満の凍土の上に
おれとお前の血は流れて凍る
おお赤い血
真紅のおれたちの血の氷柱《つらら》

おれたちは千里のこなたに凍土を噛む
故国はおれたちをバンザイと見送りはしたが
ほんとうに喜こんで見送った奴は
俺達の仲間ではない
おれたちは屠殺場へ送られてきた
馬
豚
牛だ！
いつ殺されるかも知らない
おれたちは今殺されかけている

おれたちは故国へ帰ろう
土に噛りついても故国は遠い
だがおれたちは故国へ帰ろう

戦争とはこういうものだ
戦地ではおれたちの仲間がどうして殺されたか
あんな罪もない者を
殺すのがどんなに嫌でも
何故殺せと命ずるのか
殺す相手も
殺される相手も
同じ労働者の仲間
おれたちにはいま仲間を殺す理由はない
この戦争をやめろ

兵士は故国へ
おれたちの仲間
中国の仲間

そしてソヴェート・ロシアの仲間の
共同の戦線こそ勝利を固めよ

おお　おれたちは今銃創の苦るしさに凍土を噛み
傷口から垂れた血の氷柱を砕きつつ
故国の仲間に呼びかけたい
おれたちは故国へ帰ろう
お前もおれもがんばろう

『プロレタリア文学』１９３２年2月号

花に送られる

今野　大力

小金井の桜の堤はどこまでもどこまでもつづく
もうあと三四日という蕾の巨《おお》きな桜のまわりは
きれいに掃除され、葭簀張りののれんにぎやかな臨時の店店は
花見客を待ちこがれているよう

私の寝台自動車はその堤に添うて走る
春めく四月、花の四月
私は生死をかけて、むしろ死を覚悟して療養所へゆく
すでに重症の患者となった私は
これから先の判断を持たない

恐らく絶望であろうとは医師数人の言ったところ

農民の家がつづく
古い建物が多く
赤や桃色の椿が咲く、家も庭も埋めるごとく
今満開の美しい花々
桜の満開のところがある、八重の桜も咲いている

自動車は花あるところを選ぶ如く走る
花に送られて療養所に入る私を
療養所のどの寝台が待っているか
二度と来ぬわが春とは思われる。春はおろか
この秋までも、誰かこの生命を保証する
私は死を覚悟の眼で美しき花々の下を通ってゆく

１９３５年5月14日作。『詩精神』同年9月号「今野大力特輯」に発表。

１９３２年3月、今野さんは東京の駒込署に検挙されます。ここでの拷問がもとで、人事不省におちいり釈放されます。

１９３３年、今野さんは日本共産党に入党します。

しかし、ふたたび結核が悪化し、１９３５年6月19日、31歳の若さで永眠しました。

黙々とたたかう今野さんの姿は、宮本百合子さんの小説「一九三二年の春」、「刻々」、「小祝の一家」にも描かれています。

参考資料　『今野大力・今村恒夫詩集』（１９７３年。新日本出版社）。１９０７年8月25日付　日本共産党の、しんぶん赤旗「不屈の革命詩人、今野大力とは?」。

今村恒夫さん

今村恒夫さん（本名は久雄さん。福岡県嘉穂郡碓井村、今の嘉麻市碓井町出身。1908年1月15日〜1936年12月9日）は詩人です。

日本大学を中退。

1929年頃からプロレタリア文学雑誌『文芸戦線』に作品を発表し、労農芸術家連盟に加わりましたが、のちに脱退。

日本プロレタリア作家同盟、日本共産青年同盟に加盟します。

1932年、日本共産党に入党します。

鋼鉄

今村　恒夫

俺達は貧困と窮乏の底で生れた
俺達は圧迫と不如意の中で生長した
俺達は鋼鉄になった　俺達は現代が要求する
共産主義者になった

俺達は地下から生み出された
光りを持たない暗黒と放浪と死に瀕した現実であった
堪え難い生活の溶鉱炉の中へ投げ込まれた
旋風と熱気と断末魔の苦悶と没自我の中で生れた儘《まま》の俺達は俺達を失った残滓
を捨てた

洗練された
鉱石は銑鉄になった　俺達は戦線に召集された
そこで益々鍛われて行った
銑鉄は鋼鉄になった俺達は前衛闘士になったのだ
最早《もはや》化学の如《よう》な魔術でも俺達を変ずる事は出来ない
俺達は何よりも強い　何よりも固い
俺達は何よりも必要だ　俺達は現代が要求する鋼鉄だ　革命的共産主義者だ
俺達は弾丸になって敵の腹の中に飛び込む
俺達は刃物になって切りつける。敵の生命のとどめをさす
俺達は輝かしい光明の彼岸迄レールを架ける
俺達は機関車になって驀進する
俺達は一人一人が柱になり桁になり各々の材料になり鉄筋建築の国家を創り上げて行く
暴風雨も火焔もつなみも俺達を破壊する事は出来ない

俺達は輝かしい主義者だ　俺達は何より固い鉄鋼だ。
（『文芸戦線』１９２９年11月号）

山上の歌

今村　恒夫

同志等よ　素晴らしい眺めではないか
君達の胸はぶるぶると打ちふるえないか
脚下の街に林立する煙突と空を蔽う煤煙と
るるるるっと打ちふるえている工場の建築物
おお　そして其処で搾りぬかれた仲間等が吹き荒ぶ産業合理化の嵐の前に怯え
恐れ　資本への無意識的な憤懣の血をたぎらせているのだ
街は鬱積した憤懣で瓦斯《ガス》タンクのようになっている
街は燐寸《マッチ》の一本で爆発へ導く事が出来るのだ

そして俺達は厳重なパイ［スパイのことか］や工場の監守の目をかすめて山上に会合を持ち得たではないか
報告——討議——そして全協関東地協の確立へ
今憤懣の街へ点火する強力な燐寸が形づくられ口火は既に切られたのだ
街は間もなく爆発するだろう　飢餓と失業のどん底に労働者は番犬や守衛の暴圧をけ飛ばして逆襲するだろう　いつも俺達を売り飛ばした社会民主主義者の策動を叩きつける要求を闘いとる迄頑張り通すだろう
おお同志等よ　いつか赤旗を声高くうたっているものよ　また爆発した日の街を思っているもの　その日の戦術を思いめぐらせているものよ　そして白テロと反動の重圧の下に血の出るような非合法活動をつづけて来た各産別の同志等よ
暮れ行く街の夕景に雄々しく踏み出した俺達の第一歩——関東地協の確立と俺達のオヤジ日本共産党万歳を高らかに叫ぼうではないか

（『ナップ』１９３１年10月号）

１８３３年２月20日、小林多喜二さんとともに特別高等警察に逮捕されました。東京の豊多摩刑務所収監中に病状が悪化、保釈され帰郷し亡くなりました。

１９７６年、碓井町に今村恒夫文学碑が建立されました。

参考資料　『今野大力・今村恒夫詩集』（１９７３年９月。新日本出版社）。

警察署で殺された人々

この時代、戦争反対や主権在民を言うことは、大変、勇気がいることでした。

天皇制政府は特別高等警察という専門の警察網を敷き、戦争反対の先頭に立った日本共産党員らを残酷に迫害しました。

命を落とした人は判明分だけで１６９０人前後にのぼります。

警察署や獄中で殺された人たちもいます。

こんな人たちです。

倉岡愛穂さん

倉岡愛穂《よしほ》さんは、1895年2月、京都府竹野郡上宇川村（今の京丹後市）に生まれました。

1916年、京都師範学校を卒業。郷里近くの中浜小学校の訓導になります。大正デモクラシーの影響を受けた新教育運動に共鳴して教職につくと同時に、その実践に踏み出します。

28歳で小学校校長に抜擢《ばってき》されます。

しかし、健康上の理由と合わせて新教育運動の夢を抱き、1925年には校長の椅子を返上して神戸市の御蔵小学校に着任します。チョンガー会というサークルをつくり、教育勅語を下敷きにした「天皇のために死ぬ」教育はしない、よく考える子どもを育てたいという願いを持つ教師たちと新興教育神戸支局を結成します。

同支局は、教育労働者の組織として軍国主義教育反対の教師たちを組織していきます。

倉岡先生は、寡黙《かもく》な読書家で独身、猛烈な理論学習につとめます。

教育現場では「貧乏はなぜ起きるのか」、「ソクラテスはなぜ毒を飲んで死んだのか」などというテーマで議論を組織していくので信頼が集まり、次第に組合員の仲間が増えていきました。

おりから満州事変（１９３１年９月18日～１９３３年５月31日）が勃発。大日本帝国は中国侵略戦争を拡大していきます。

１９３３年５月には鳩山文部大臣が京都帝国大学の滝川幸辰《たきがわゆきとし》教授（岡山県出身。１８９１年２月24日～１９６２年11月16日）への休職処分を強行します。

同年９月、官憲は労農弁護団を弾圧します。

同年12月、官憲は日本共産党の宮本顕治さん（山口県光市生まれ。１９０８年10月17日～２００７年７月18日）を逮捕します。

この年の治安維持法による弾圧は１８３９７人に上ります。

こうした状況の中で、特別高等警察の監視と干渉は長野県の教員弾圧事件以後、新興教育運動にも厳しさを増します。

そのうえに、1937年にかけては人民戦線事件という弾圧が民主的な勢力の上に加えられます。

そのとき、倉岡先生は、神戸市の御影警察署に、治安維持法違反容疑で逮捕されます。

「お前は共産党だ」という特別高等警察官の筋書きに屈せず、御前一郎警察署長自らの尋問にも答えませんでした。

1937年4月9日、逮捕106日目に拷問のため命を奪われました。

拷問死が暴かれるのを恐れた警察署は、死後10時間を経てから、姫路市の長兄・瑞穂さん宅に連絡を取りました。

驚いてかけつけた瑞穂さんと弟の護穂さんに、死体捜索の生島検事は「葬式を出さないという条件で死体を引き取れ」と命じます。

2人の兄弟は、葬式を出さない代わりにと、親戚、友人、知人に42歳で警察に殺された愛する弟、愛する兄の倉岡愛穂さんの経歴書を涙ながらに書き上げて配ります。その経歴書は、警察が愛穂さんを拷問して殺した事実を告発しています。倉岡先生が死んでから3か月後、7月7日に日本帝国主義の中国への全面的な侵略戦争が開始されます。

丹波半島の北端、宇川の丘の上には倉岡愛穂さんの墓碑が建ち碑文には次のように刻まれています。

平和を愛し戦争に反対して未決一五七日取調べ中に殺された

参考資料　しんぶん赤旗　２００９年1月15日付「知りたい聞きたい　特高に殺された京都出身の教師、倉岡愛穂とは？」。

岩田義道さん

岩田義道《いわたよしみち》さん（愛知県葉栗郡北方村―今は一宮市出身。１８９８年４月１日〜１９３２年11月３日）は、労働運動家、政治活動家で、日本共産党幹部。

小学校を出てから東京の紙問屋に勤務したり、郷里の小学校の教員として働いたのち、松山高等学校、京都帝国大学経済学部へ進学します。

京都帝国大学経済学部では河上肇さん（山口県岩国町、今の岩国市出身。１８７９年10月20日〜１９４６年１月30日）に師事しました。

模索の中で、経済学者の山田盛太郎さん（愛知県出身。１８９７年１月29日〜１９８０年12月27日）にマルクス主義を勧められた岩田さんは、京都帝国大学時代、『資本論』を原文で３回も通読するなど、猛烈な学習でマルクス主義への確信を深めていきます。

しかし、在学中に京都学連事件に連座して逮捕され、禁固10か月の判決を受けたため京都帝国大学を中退します。

１９２５年には「マルクスの弁証法についての一考察」という論文を書き、『日本資本主義発達史講座』の編集にも党指導部としてかかわり、重要な役割を果たします。

産業労働調査所で活動し、１９２７年には日本共産党に入党します。

１９２８年２月創刊の赤旗《せっき》の編集・宣伝に携わり、１９３２年4月に活版化、部数を８００部から７０００部へと戦前最高へと引き上げます。

日本共産党中央委員に選出され、宣伝煽動部、農民部で部長を務めたほか、活版印刷による赤旗《せっき》の発行を指導しました。

地下活動に入れば「二度と会うことはできなくなるだろう」と考えた岩田さんは、河上肇さんに金を借り、船頭だった両親に舟を贈っています。死を覚悟した生活にも、揺るぎない確信と優しさをもち続けた人でした。

岩田さんは１９２８年３月15日の日本共産党と支持者への大弾圧（三・一五事件）の際には逮捕をのがれ、途中一時期の投獄をはさみ、１９３１年1月から地下活動に移ります。

同年9月18日、中国東北部へ侵略が開始される（満州事変）と、岩田さんらを指導部とする党は翌19日、「帝国主義戦争反対、中国から手を引け」の檄《げき》を発表し、侵略反対のたたかいをすすめます。

1932年10月30日、特別高等警察に逮捕され、その4日後の11月3日に拷問により死亡します。

この遺体について太田慶太郎さん（戦後、静岡県議会議員）が証言しています。

「まず胸部及び大腿部は普通の三倍に紫色に腫《は》れあがっていた。これはバットのようなもので殴ったに違いなく内出血をしていた。口の周りには金属製の轡《くつわ》を嵌《は》めたような跡が幾つも穴になっていた。これは拷問の時、うめき声を外部に漏れないようにしたため。また膝と手足には内に食い入った鎖の跡が残っていた。」

「打撲傷のあとには大量の内出血があり、これだけでも致命的である。」

「警視庁は肺結核と脚気衝心《かっけしょうしん》で死んだと発表したが、この遺体は一観見れば、死因は拷問、虐殺であることは誰にもよく分かった。天皇制政府は故岩田同志を虐殺したただけでなく、真相が暴露されることを恐れ、死者を弔う自由を奪い、労農葬もやらせなかったのである。」

岩田さんの死を知ったプロレタリア作家・松田解子さんは虐殺に抗議する詩『デスマスクに添えて』を書き、『大衆の友』に投稿、1933年1月号に掲載されました。

遺体は妻の宮本菊代さんに引き渡されました。

警視庁は「[岩田が]極力抵抗したので手錠をはめて連行したが、それでも抵抗したため肺結核が極度に昂進《こうしん》し、また脚気衝心して喀血して死んだ」と説明しました。

しかし、立会いの安田徳太郎博士、布施辰治弁護士らが死体をあらためると、首すじには鎖でしばった痕《あと》があって、両太ももには竹刀でめった打ちしたように暗紫色に腫れあがっていました。

岩田義道さんが亡くなった翌日の1932年11月4日、東京帝国大学病理学教室に依頼して解剖に付されましたが、立会いの安田徳太郎博士が残したメモによれば次の通りです。

一九三二年十一月四日、東京帝国大学病理学教室に於て。解剖番号一九五。

岩田義道氏、三十五歳。

体重六四キロ。

身長一六〇センチ。

脳髄一四四グラム。

心臓三七四グラム。心臓は非常に大きく、脂肪が推積す。心筋は右心《うしん》が〇・五センチ、左心《さしん》が一・〇センチ。

右心室は拡大されて心筋《しんきん》薄く、恐らく之が死亡の原因ならん。

肺臓は著変なし。肺結核の所見なし。拡大して出血あり。

腹腔内に大量の出血あり。

（中略）

胃腸その他の内臓器官には著変なし。但し、部分的には諸種器官に出血あり。

下肢。大腿部の前面後面に顕著な皮下出血あり。これが死の誘引ならん。
上肢。所々に皮下出血あり。

遺体を見た友人の鈴木安蔵さん（静岡大名誉教授）は「たくましい彼の顔は紫色に腫《は》れ上がり、鉄の鎖でしめられた両足、手首のすさまじい残虐な拷問の跡とともに、われわれの眼を蔽《おお》わしめるのみであった」と書いています。

日本共産党中央委員会は11月5日、抗議の檄《げき》を出し、岩田さんの労農葬を呼びかけました。

12月4日、東京・本所《ほんじょ》公会堂で、元評議会関東地方委員長の藤沼瞭一さんを葬儀委員長とする労農葬がおこなわれることになりました。

ところが、警視庁は、4日には、藤沼瞭一さんをはじめ争議委員を総検挙、布施弁護士を自宅に軟禁し、警察隊によって葬儀場を占拠し、つめかけた労働者、農民、市民など約1000人を片っ端から検挙し、葬儀を蹴散らしてしまいました。

参考資料　松尾洋さん著『治安維持法と特高警察』（1979年4月20日。教育社）。2005年6月11日の日本共産党機関紙・しんぶん赤旗「ここが知りたい中国侵略に反対し殺された岩田義道とは？」。

治安維持法犠牲者国家賠償要求同盟高知県本部『特高の弾圧に抗した記録』（２０１０年８月15日）。

野呂栄太郎さん

野呂栄太郎《のろえいたろう》さん（北海道長沼町の開拓農村生まれ。１９００年４月30日～１９３４年２月19日）は、在野のマルクス経済学者で、戦前の非合法政党時代の日本共産党の理論的指導者の１人。

日本資本主義の成り立ちや諸矛盾を科学的社会主義の目で分析・解明し、その後の日本資本主義の科学的研究の出発点を切り開いた経済学者でもあります。

日本共産党の幹部（委員長）として日本共産党を指導するなど、実践活動にも関わりました。

北海中学校（今の北海高等学校）から慶應義塾大学理財科（今の経済学部）に進みます。

少年時代は野球のスコアラーを勤めましたが、小学校2年で関節炎のため片足を切断しました。

彼が北海中学校、慶應義塾大学に入学したのは、片足切断という障害のために公立中学校、官立高等学校には入学を認められなかったからです。

北海中学校では、秀才として知られ、北海タイムスに卒業時に記事が載るほどでしたが、札幌第一中学校（今の札幌南高等学校）には、2年連続で不合格となっています。

1920年、慶応義塾大学に進みます。

同大学在学中は向井鹿松さん（愛知県生まれ。1888年3月6日～1979年6月3日）のゼミで学びます。

小泉信三さん（東京市芝区出身。1888年5月4日～1966年5月11日）の授業も受けていて、同時期に猪俣津南雄《いのまたつなお》さん（新潟市出身。1889年4月23日～

１９４２年１月19日）の下でも研究します。

１９２５年10月、野呂さんはマルクスの価値論を批判した小泉信三教授に授業中に反論し、論争を交わしました。これによって小泉さんは野呂さんの才能を認め、研究の便宜《べんぎ》を与えました。

野呂さんは、勉学のかたわら産業労働調査所を手伝い、社会科学研究・革命運動に参加し、日本学生連合の関東代表委員をつとめます。

１９２５年12月１日、不穏ビラを口実に京都帝国大学、同志社大学の学生33人が逮捕され、いったん釈放されました。

翌１９２６年１月～４月に、河上肇《かわかみはじめ》さん、河上丈太郎《かわかみじょうたろう》さん（東京市港区出身。１８８９年１月３日～１９６５年12月３日）、新明《しんめい》正道さん（台北市出身。１８９８年２月24日～１９８４年８月20日）ら諸教授が家宅捜索を受けるとともに、岩田義道《よしみち》さん、鈴木安蔵さん（福島県小高町、今の南相馬市出身。１９０４年３月３日～１９８３年８月７日）、石田英一郎さん（大阪府出身。１９０３年６月30日～１９６８年11月９日。京都帝国大学学生）、野呂栄太郎さん（慶応大学卒業）、林房雄さん（本名・後藤寿夫《ごとうひさお》さん。大分市出身。１９０３年５月30日～１９７５年10月９日。東京帝国大学学生）らの学生たち38人が治安維持法違反・出版法違反・不敬罪を理由に全国的に検挙されます。

１９２６年、慶應義塾大学理財科の卒業論文として『日本資本主義発達史』を執筆します。

慶應大学の助手採用試験、朝日新聞社を受けますが、不採用となり、卒業翌日、京都学連事件に連座し、10か月の禁固が言い渡され収監されます。

京都学連事件は、全日本学生社会科学連合会の会員が治安維持法違反の最初の適用を受け、活動を弾圧された事件です。

野呂さんは、１９２６年８月に病気療養のために保釈され、産業労働調査所調査員として勤務します。

京都学連事件で逮捕された人びとは、１９２６年９月までに全員が釈放されましたが、１９２７年５月30日の第１審（京都地方裁判所）判決では、全員が治安維持法違反で有罪とされました。

控訴審の公判は翌１９２７年3月5日から開かれましたが、この直後の3月15日に全国の１５０００人におよぶ日本共産党員が検挙された三・一五事件があり、17人がこれにも連座したため分離されました。

１９２９年4月16日に１道2府24県で日本共産党に弾圧が加えられて約３００人が検挙され、引き続き多数の活動家が捕えられ、一連の弾圧による逮捕者が１０００人に上った四・一六事件で、野呂さんは1か月ほど拘束されます。

１９２９年12月12日、大阪控訴院は残りの21人のうち18人に懲役7年以下の有罪、3人に無罪の判決を下します。

この事件以後、学生運動への弾圧が一段と強化され、学生も左右に分裂しました。被告の大部分は、その後、無産階級運動の指導者や社会科学研究の学徒として進歩的役割を果たしています。

１９３０年1月、野呂さんは日本共産党に入党しました。

同年2月20日、1926年〜1930年の5論文をまとめた『日本資本主義発達史』（1930年刊）が鉄塔書院より発刊されます。まず、皇国史観などの非科学的歴史観がまかり通っていた日本の歴史を具体的に分析し、階級社会と国家の成立や支配階級・支配体制の変動など、日本社会の発展・変革の過程をあとづけました。

1932年5月から、マルクス主義を体系的にまとめた『日本資本主義発達史講座』（全7巻）の編集人として発刊に携わります。

日本資本主義論争においては山田盛太郎さん、平野義太郎さんとともに講座派の中心人物とみなされました。

病気と弾圧のために、野呂さん自身はこの講座に論文を執筆することはできませんでした。

1932年10月30日の熱海事件により日本共産党員が大量に検挙され、日本共産党は壊滅状態に陥ります。

熱海事件とは、1932年10月30日に静岡県田方郡熱海町（今は熱海市）で発生した日本共産党幹部いっせい検挙事件。特別高等警察のスパイMこと飯塚盈延が手引きして全国会議を開かせ、いっせい検挙におよんだとされます。警察は赤色ギャング事件の取調べを進めていくうちに、１９３２年10月30日に熱海温泉で日本共産党の幹部が地方代表者会議を開催するという情報を入手し、いっせい検挙をすることになりました。

警視庁特別高等警察課は前日から企業の慰安会を装って現場近くに集合していましたが、内偵をしていた警察官から「会議を中止して解散する素振りがある」との報告から、当日未明に急襲することになりました。

10月30日午前４時50分、警察は日本共産党員が宿泊している宿舎を包囲し、いっせいに踏み込こみました。

全員逮捕されました。

日本共産党員たちの供述によると、丸ビルの某会社の慰安会という触れ込みで予約しましたが、人の集まりが悪く旅館側がその会社に問い合わせをしてしまいました。

このままでは警察にばれるということで急きょ中止し解散しようとする矢先に警

察に踏み込まれてしまったといいます。

１９３３年1月、野呂さんは肺結核で療養中でしたが、３人の日本共産党中央委員の１人として、指導部の再建に努めます。

１９３３年5月3日、日本共産党中央委員長の山本正美《やまもとまさみ》さん（高知県出身。１９０６年9月28日〜１９９４年9月19日）が逮捕されます。

同年5月9日、産業労働調査所が弾圧され、事実上の閉鎖に追い込まれます。

野呂さんは日本共産党中央委員長となり宮本顕治さんらと再建活動を活発化させます。

塩沢富美子さんと結婚（時節柄、入籍はせず、事実婚）。

同年8月1日の国際反戦デーに、ストライキおよびデモ活動を呼びかけるも失敗。

同年8月23日、産業労働調査所が閉鎖されます。

同年9月6日の国際青年デー、9月18日の満州掠奪戦争1周年記念日と反戦のための行動を矢継ぎ早に指示するも、いずれも失敗します。

１９３３年11月28日、野呂さんはスパイの手引きで検挙されます。

1934年2月19日に、東京の品川警察署での拷問によって病状が悪化し、北品川病院に移された後、絶命しました。享年35歳。

塩沢さんは、その後、妊娠中に逮捕され、釈放後に野呂さんの子どもを出産しますが、その女児は夭逝《ようせい》しました。

野呂さんの実妹・美喜さんは、日本社会党衆議院議員だった横路節雄さんの夫人。節雄さんの息子である孝弘さん（元北海道知事・衆議院議長）、民雄さん（弁護士）は甥《おい》にあたります。

文化人類学者の泉靖一さんは、野呂さんの母方の祖父の弟、泉麟太郎さんの孫です。ふたりはまたいとこの関係にあります。

1970年代に日本共産党は、科学的社会主義の立場からの社会科学のすぐれた研究に与える賞として、野呂栄太郎賞を設置しました。この賞は、2005年まで存続しました。

明治維新をへて資本主義に進んだ日本についても、絶対主義的な天皇制と、封建的要素の強い地主制、はじめから権力と結びついて発展をとげた財閥・独占資本の相互関係を浮き彫りにし、その反動的・侵略的性格や諸矛盾を明らかにしました。

参考資料　２００４年2月11日付　日本共産党の、しんぶん赤旗「知りたい聞きたい野呂栄太郎ってどんな人なの？」。

西田信春さん

西田信春さんは１９０３年1月12日、北海道・新十津川村に父・英太郎さん、母・かめさんの長男として生まれました。

東京帝国大学在学中に社会科学研究会に参加します。卒業後、全日本鉄道従業員組合本部書記になります。

１９２７年、日本共産党に入党します。

1932年、党再建のために九州に行き、九州地方委員会を確立し委員長になります。

翌1933年2月11日、「九州地方空前の共産党大検挙」（検挙者508人）と報じられた弾圧の前日、検挙され、福岡署で殺されます。

30歳の若さでした。

これが判明したのは戦後になってからで、1957年4月16日付のアカハタは「二十数年ぶりに判る――故西田信春氏虐殺当時の模様」を掲載しました。

一緒に活動した佐伯新一さんの「細かい思いやりのある同志だった」との回想が記事中にあります。

当時、九州大学医学部助手だった石橋無事さんは、氏名不詳の男の鑑定書を書いた思い出を次のように記しています。

それが東大新人会の共産党員西田信春の屍《しかばね》だったことは、ずっと後で知りました。……ひどい拷問をうけても黙秘をつづけ、しまいに、足を持って階段を上から下まで逆さに引きおろされ、それを四、五回くりかえされたら死んでしまった。それが夜中の午前一時ごろなのに、ぼくたちがよばれて行ったのは十五、六時間もたった午後四時ごろです。

（治安維持法犠牲者国家賠償要求同盟の機関紙『不屈』1981年3月号）。

身をていして平和と民主主義の世の中をめざした思いを引き継ごうと、1990年に郷里の新十津川町に「西田信春碑」が作られ、毎年2月11日、碑前祭が開かれています。

参考資料　『わが地方の　たたかいの思い出　第三集　西田信春の生涯とその戦友たち』（1993年10月30日。福岡民報社）。

上杉朋史さん著『西田信春――甦《よみがえ》る死――』（2020年2月11日。学習の友社）。

辰巳経世さん

辰巳経世《たつみけいせい》さん（１８９９年～１９４２年8月17日。享年43歳）。妻はちゑさん。田中熊宙さんの三男として生まれました。旧姓名は田中常世さん。

私立関西大学（１９２２年に設置。大阪府吹田市山手町３の３の35）を卒業しました。

治安維持法違反で検挙されます。

病身を押して奴隷制度の研究、日本ファシズムへの警告、日本で最初に『資本論』全巻の解説書を著しました。

マルクス主義経済学者として、関西大学にて教鞭をとり、その主義に徹し、生涯を捧げました。

のちに未発表の原稿が発見され、「戦前の出版物を保存する会」によって上梓されました。

参考資料　関家敏正さん著「治安維持法下の抵抗の群像　押収発禁本『日本プロレタリア美術集』所有者を追って」＝治安維持法犠牲者国家賠償要求同盟『治安維持法と現在』（２０２０年４月30日）。

横川貞三さん

鹿児島県の武雄温泉町の旅館出身で、１９２９年に東京の早稲田大学法学部に入学した田中隆吉さんは、在学中から同窓生の中林貞男さんを通じて日本共産党の新聞・赤旗《せっき》を購読し、科学的社会主義の理論を学んでいました。また、中林さんを通じて日本共産党へのカンパもおこなっていました。

１９３２年の夏休みに武雄に帰省したとき、自宅でフリードリヒ・エンゲルスさん（１８２０年11月28日～１８９５年８月５日。74歳没）の『空想から科学へ』の学習会を始めました。

その合間には、日本共産党の『二七年テーゼ』の解説をしたり、赤旗を読んでもらったりもしました。

1933年8月31日、警視庁特高課は上京中の田中隆吉さんを逮捕しました。田中さんは佐賀に移送されました。

特高警察は、首謀者とみていた田中隆吉さんがいっこうに「自白」しないことに業をにやしました。

田中隆吉さんを自白させるために、特高警察は武雄中学校5年生だった横川貞三さんを鹿児島警察署の田中さんの隣の独房に入れました。

横川貞三さんは、クラスメートが武雄中学校の松尾弘教諭の勧めでエスペラント講習会に参加したという理由で治安維持法違反の容疑で検挙されたのです。

特別高等警察官から「自白」を強要されても、何の関係ももっていなかったので答えようがありません。

そして、毎晩、毎晩、竹刀で乱打し続けました。

田中隆吉さんに、横川貞三さんの悲鳴を聞かせ、田中さんの神経を参らせようという作戦でした。

1か月半にわたって武雄警察署に拘留されたあと、鹿児島警察署に移されました。

横川貞三少年は、この鹿児島警察署で死亡しました。

警察当局は「心臓脚気」による死亡事例として横川貞三さんの遺体を家族に引き渡しました。

田中隆吉さんたち関係者は「横川は病気ではない。拷問によって殺された」と語っています。

参考資料　関家敏正さん著「治安維持法下の抵抗の群像　押収発禁本『日本プロレタリア美術集』所有者を追って」＝治安維持法犠牲者国家賠償要求同盟『治安維持法と現在』（2020年4月30日）。

田辺潔さん

1933年2月28日付の赤旗《せっき》は、「同志田辺虐殺と判明／神奈川総評革反を指導して官憲により逮捕、虐殺さる」と報じました。同志田辺というのは田辺潔《たなべきよし》さんのことです。

田辺潔さんは、1903年1月2日、釧路市浦見町で生まれました。父は金沢で事業に失敗し、北海道に渡りました。潔さんは、六男でした。病弱でしたが、道南の有珠《うす》で漁師の手伝いなどをして健康になり、揺れるマストの天辺に登ることも覚えます。

札幌第一中学校に入りますが、神奈川の鵠沼《くげぬま》にいた兄・寿莉《すけとし》さんを頼って横浜第一中学校に編入、社会科学や社会主義の書籍を読みます。兄の家の近くに野呂栄太郎さんが住んでいたといいます。

社会主義や労働運動に関心を待った田辺さんは、労働者になって働くことに生きがいを感じて中学校を中退します。

横浜市電信号手、足柄トンネル工事の労働者などを転々、横浜自由労組の糸川二一郎さんの紹介で富士瓦斯《ガス》紡績川崎工場の争議の応援に加わりました。

1930年11月16日、争議の応援をしに行き、膠着《こうちゃく》した争議の勝利のために工場の43メートルの煙突に登り避雷針《ひらいしん》に赤旗を結び煙突の上から「1割賃下げ反対」、「首切り反対」、「ストライキに参加しよう」と呼びかけます。

田辺さんを見ようとたくさんの見物人が押しかけ、工場周辺には、おでん屋、綿あめ屋、燗酒屋《かんざけや》、望遠鏡屋が出現する騒ぎになります。

警察や会社側の予期していなかった問題が起きます。

23日午前3時23分に煙突から見下ろす東海道線を、岡山県で陸軍大演習観兵式に参加した帰りの天皇が乗った列車が通るのです。

万が一、煙突の上から「黄金の雨」が降ってお召列車にかかろうものなら、県知事や警察署長のクビにかかわる一大事というので、どうしても煙突男を下ろさなければならないと警察署長が斡旋《あっせん》条件を出して、急転直下解決します。

6日間130時間におよび、会社側は争議者に5000円を支給、争議による解雇者の復職の覚書を交わします。

そして、田辺さんは煙突から下りました。

しかし、田辺さんは、家宅侵入罪で検挙訴訟されて、懲役3年の刑を受け、その後、日本労働組合全国協議会の労働組合に加盟し、借家人組合で活動します。

田辺さんは、1932年12月27日、横浜の伊勢佐木署に逮捕され、翌1933年3月14日に横浜市山下橋の下で遺体で発見されます。

「溺死《できし》」として処理されましたが、「首のまわりに細縄の傷跡がはっきり残っている」など拷問の跡がありました。

参考資料　宮田汎さん「抵抗の群像　多喜二の6日前に虐殺された釧路出身の労働者『煙突男』」＝治安維持法犠牲者国家賠償要求同盟編『不屈』2020年3月15日。

小林多喜二さん

小林多喜二《こばやしたきじ》さんが1928年8月17日に書きあげた『一九二八年三月十五日』に警察署で警察官たちが被疑者に拷問する場面が出てきます。8章のところです。

警察署は、一週間のうちに勞働運動者、勞働者、關係のインテリゲンチヤを二百人も、無茶苦茶に、豚のやうにかりたてた、差入れにきた全然運動とは無關係の弟を、そのまゝ引きづり込んで「×××××」一週間も歸さなかつた。だが、こんな事はエピソードの百分の一にも過ぎない。

取調べが始つた。

渡に對しては、この××××がなくても、警察では是が「非でも」やツつけなければならない、と思つてゐた。合法的な黨、組合の運動に楔のやうに無理にねぢこんで、渡を引ツこ抜かうとした。普段から、してゐた。さういふ中を彼は、然し文字通りまるで豹のやうに飛びまはつてゐた。そこをつかまえたのだから「この野郎、半×しにしてやれる」と喜んだ。

渡は、一言も取調べに對しては口を開かなかつた。「どうぞ、勝手に。」と云つた。

「どういふ意味だ。」司法主任と特高がだん〳〵アワを食ひ出した。

「どういふ意味で、もも。」

「××するぞ。」

「仕方がないよ。」

「天野屋氣取りをして、後で青くなるな。」

「貴方達も案外眼がきかないんだな。俺が××されたら云ふとか、半×しにされたからどうとか、そんな條件付きの男かどうか位は、もう分つてゐてもよささうだよ。」

彼等は「本氣」にアワを食つてきた。「渡なら」と思ふと、さうでありさうで内心困つたことだと思つた。何故か？　彼等が若し、この×××の「元兇」から一言も「聞取書」が取れないとなると、（が、何しろ元兇だから一寸×せはしないが、）逆に、自分達の「生首」の方が危なかつた。――何より、それだつた。

渡は×にされると、いきなりものも云はないで、後から（以下十行削除）手と足を硬直さして、空へのばした。ブル〳〵つとけいれんした。そして、次に彼は××失つてゐた。

然し渡は長い間の××の經驗から、丁度氣合術師が平氣で腕に針を通したり、燒火箸をつかんだりするそれと同じことを會得した。だから、××だ！　その緊張――それが知らず知らずの間に知つた氣合だかも知れない――がくると、割合にそれが×えられた。

こゝでは、石川五右衞門や天野屋利兵衞の、××××××は××××××××では決してなかつた。それは××××××××。然し勿論かういふことはある――刑法百三十五條「被告人に對しては丁寧親切を旨とし、其利益となるべき事實を陳述する機會を與ふべし。」

水をかけると、××ふきかへした。今度は誘ひ出すやうな戰法でやつてきた。

「いくら××したつて、貴方達の腹が減る位だよ。――斷然何も云はないから。」

「皆もうこツちでは分つてるんだ。云へばそれだけ輕くなるんだぜ。」

「分つてれば、それでいゝよ。俺の罪まで心配してもらはなくたつて。」

「渡君、困るなあ、それぢや。」

「俺の方もさ。――俺ア××には免疫なんだから。」

後に三四人××係(!)が立つてゐた。

「この野郎!」

一人が渡の後から腕をまはしてよこして、×を××かゝつた。

「この野郎一人ゐる爲めに、小樽がうるさくて仕方がねエんだ。」

それで渡はもう一度×を失つた。

渡は××に來る度に、かういふものを「お×はりさん」と云つて、町では人達の、「安寧」と「幸福」と「正義」を守つて下さる偉い人のやうに思はれてゐることを考へて、何時でも苦笑した。ブルジヨワ的教育法の根本は――方法論は「錯覺法」だつた。内と外をうまくすりかえて普及させる事には、つくゞ感心させる程、上手でもあつたし、手ぬかりもなかつた。

「おい、い、か、いくらお前が××が相良新一さんは免疫になつたつて、東京からは若し何んならブツ××たつてい丶ツて云つてきてゐるんだ。」

「それアい丶事をきいた、さうか。――××れたつてい丶よ。それで無產階級の運動が無くなるとでも云ふんなら、俺も考へるが、どうしてく後から後からと。その點ぢや、さらく心殘りなんか無いんだから。」

次に渡は×にされて、爪先と床の間が二三寸位離れる程度に×××××た。

「おい、い丶加減にどうだ。」

下から柔道三段の（以下二十六字削除）

「加減もんでたまるかい。」

「馬鹿だなア。今度のは新式だぞ。」

「何んでもいゝ。」

「ウフン。」

渡は、だが、今度のには×××た。それは（以下二十四字削除）彼は強烈な電氣に觸れたやうに、（以下六十六字削除）、大聲で叫んだ。

「××、××――え、××――えぬ!!」

それは竹刀、平手、鐵棒、細引でなぐられるよりひどく堪えた。

渡は、××されてゐる時にこそ、始めて理窟拔きの「憎い――ッ!!」といふ資本家に對する火のやうな反抗が起つた。××こそ、無産階級が資本家から受けてゐる壓迫、搾取の形そのまゝの現はれである、と思つた。

××××毎に、渡の身體は跳ね上つた。

「えッ、何んだつて神經なんてありやがるんだ。」

渡は齒を食ひしばつたまゝ、ガクリと自分の頭が前へ折れたことを、××の何處かで××したと思つた。――

「覺えてろ!」それが終ひの言葉だつた。渡は三度×んだ。

×を三度目に××返した。渡は自分の身體が紙ツ片のやうに不安定になつて居り、そして意識の上に一枚皮が張つたやうにボンヤリしてゐるのを感じた。さうなれば、然しもう「どうとも勝手」だつた。意識がさういふ風に變調を來してくれれば、それは××に對しては魔醉劑のやうな効果を持つからだつた。

主任が警察で作つた×××の系圖を出して、「もう、こんなになつてるんだ。」と云つて、彼の表情を讀もふとした。「ホウ、偉いもんだ。成る程――。」醉拂つたやうに云つた。

「おい、さう感心して貰つても困るんだ。」

係はもう殆んど手を燒きつくしてゐた。

終ひに、皆は滅茶苦茶に×××たり、下に金の打つてある靴で蹴つたりした。それを一時間も續け樣に續けた。渡の身體は芋俵のやうに好き勝手に轉がされた。彼の××「××」×××××。そして時××××××××が終つて、渡は監房の中へ豚の臓物のやうに放りこまれた。彼は次の朝まで、そのまゝ動けずにうなつてゐた。

續けて工藤が取調べられた。

工藤は割合に素直な調子で取調べに應じた。さういふ事では空元氣を出さなかつた。色々その場、その場で方法を伸縮さして、うまく適應するやうに自分をコントロールしてゆくことが出來た。

工藤に對する××は大體渡に對するのと同じだつた。たゞ、彼がいきなり飛び上つたのは、彼を素足のまゝ立たして置いて、（以下七行削除）彼は終ひにへな〳〵に坐り込んでしまつた。

それが終ると、兩手の掌を上に向けて、テーブルの上に置かせ、力一杯×××××××××××。それからよくやる、指に××を××××××。——これ等を續け樣にやると、その代り〴〵にくる強烈な刺戟で神經が極度の疲勞におち入つて、一時的な「痴呆狀態」（！）になつてしまう。彈がもどつて、ものにたえ性がなく、うかつな「どうでもいゝ」氣持になつてしまふ。そこをつかまへて、××は都合のいゝ××をさせるのだつた。

そのすぐ後で取調べられた鈴本の場合なども、同じ手だつた。彼は或る意味で云へば、もつと××××をうけた。彼はなぐられも、蹴られもしなかつたが、たゞ八回も（八回も！）×××に××××××事だつた。初めから終りまで××醫が（！）（以下四行削除）八回目には鈴本はすつかり醉拂ひ切つた人のやうにフラ、フラになつてゐた。彼は自分の頭があるのか、無いのかしびれ切つて分らなかつた。たゞ主任も特高も××係の巡査も、室も器具も、表現派のやうに解體したり、構成されて映つた。さういふ朦朧とした意識のまゝ、丁度大人の肩をフンづかまれて、ゆすぶられる子供のやうに、取調べを進められた。鈴本は、これは危いぞ、と思つた。が、自分が一つ一つの取調べにどう答へてゐるか、自分で分らなかつた。

佐多が入れられた留置場には色々なことで引張られてきてゐる四五人がゐた。それは留置場の一番端しの並びにあつて、取調室がすこし離れてその斜め前にあつた。

彼は警察につれて來られたとき、自分達は偉大な歴史的使命を眞に勇敢にやろうとしてゐたゝめに、かうされるのだ、と繰り返し、繰り返し思つて、自分に納得を與へやうとした。然し彼の氣持はそれとはまるつきり逆に心から參つてしまつてゐた。そして留置場に入つたとき、彼は自分の一生が取返しがつかなく暗くなつた、と思つた。崖の方へ突進してゆく自動車を、もうどうにも運轉出來ず、アッと思つて、手で顔を覆ふ、その瞬間に似た氣持を感じた。その殆んど絶對的な氣持の前には、彼が今迄讀んだレーニンもマルクスも無かつた。「取りかへしがつかない、取りかへしがつかない。」それだけが昆布巻きのやうに、彼の全部を幾重にも包んでしまつた。

それに、この塵芥ごみ箱の中そのまゝの留置場は、彼のその絶望的な氣持を二乗にも、三乗にも暗くした。室は晝も晩も、それにけぢめなく始終薄暗く、何處かジメ〳〵して、雜巾切れのやうな疊が中央に二枚敷かつてゐた。が、それを引き起したら、その下から蛆や蟲や腐つてムレたゴミなどがウジヨ〳〵出る感じだつた。空氣が動かずムンとして便所臭い匂がしてゐた。吸へば滓でも殘りさうな、胸のむかつく、腐つた溝水のやうな空氣だつた。

彼は銀行に勤めてゐる關係上、何時も裏からではあつたが、眞に革命的な理論をつかんで、皆と同じやうに實践に參加してゐたが、その色々な環境と生活からくる膚合ひから云つて、低い生活水準にゐる勞働者とはやつぱりちがはざるを得なかつた。普段はそれが分らずにゐた。勿論彼さへ務めてゐれば、それからくる事はちつとも運動の邪魔にならなかつた。——留置場の空氣が、二日も經たないうちに、その上品な彼の身體にグツとこたえてきた。彼は時々胸が惡くなつて、ゲエ、ゲエといつた。然し吐くのでもなかつた。自家《うち》にゐれば、毎朝行くことになつてゐる便所にも行かなくなつた。粗食と運動不足がすぐ身體に變調を來たさした。四日目の朝、無理に便所に立つた。然し三十分もふんばつてゐて、カラ〳〵に乾いた鼠の尻尾《しつぽ》程の糞が二切れほどしか出なかつた。

留置場の中では、彼は一人ぽつんと島のやうに離れてゐた。彼には、どうしても、彼等がかういふ處に入つてゐて自由に、氣樂に（さう見えた。）お互が色々なことを話し合つたりする事が分らなかつた。佐多は然し、ぢつとしてゐる事がすぐ苦しくなり出した。今度は彼は立ち上ると、室の中を無意味に歩き出した。が、ひよいと板壁に寄りかゝると、そのまゝ何時迄も考へこんでしまつた。自分よりはきつともつと悲しんでゐるだらう母を思つた。母の云つた「小ぢんまりとした、幸福な生活」を自分が踏みにじつた、そしてこれからの長い生涯、自分は監獄と苦鬪！　その間を如何に休みなく、つんのめされ、フラ〳〵になり、暗く暮らして行かなければならないか、彼にはその一生がアリ〳〵と見える氣がした。要らない「おせつかい」を俺はしてしまつた、とさへ思つた。そして彼は水を一杯に含んだ海綿のやうに、心から感傷的に溺れてゐた。

三十年間「コソ泥」をしてきたといふ眼の鋭い六十に近い男が、

「可哀相に、お前さんのやうな人の來る處ぢやないのに。」と彼に云つた。

思はず、その言葉に彼は胸がふツとあつくなり、危く泣かされる處だつた。彼はしかもさういふ氣持を押えるのではなしに、かへつて、こつちからメソ〳〵と溺れ、甘えかゝつて行く處さへあつた。さうでなければ、たまらなかつた。

初めての——しかも突然にきた、彼には強過ぎる刺戟に少し慣れてくると、佐多はその考から少しづゝ抜け出てくる事が出來るやうになつた。少しの犠牲もなくて、自分達の運動が出來る筈がなかつた。自分ではちつとも何もせず、一足飛びに直ぐ、（キット他の誰かゞしてくれた）××の成就してしまつた世界のことだけを考へて、興奮してゐる者にはかういふ經驗こそ、いゝいましめだ。――そこ迄佐多は自分で考へ得れる餘裕を取りもどしてゐた。彼は憂鬱になつたり、快活になつたりした。恐ろしく長い、しかも何もする事なく、たつた一室の中にだけゐなければならない彼には、その事より他に考へることが無かつた。

夜、十二時を過ぎてゐた頃かも知れなかつた。佐多は隣りに寝てゐた「不良少年」に身體をゆすられて起された。

「ホラ……ホラ聞えないか？」暗がりで、變にひそめた聲が、彼のすぐ横でした。

佐多は始め何のことか分らなかつた。

「ぢつとしてれ。」

二人は息をしばらくとめた。全身が耳だけになつた。深夜らしくジイン、ジーン、ジーンと耳のなる音がする。佐多はだん〳〵睡氣から離れてきた。

「聞えるだらう。」

遠くで劍術をやつてゐるやうな竹刀の音（たしかに竹刀の音だつた。）が彼の耳に入つてきた。それだけでなしに、そしてその合間に何か肉聲らしい音も交つてきこえた。それは然しはつきり分らなかつた。

「ホラ、ホラ……ホラ、なあ。」その音が高まる度に、不良少年がさう注意した。

「何んだらう。」佐多も聲をひそめて、彼にきいた。

「××さ。」

「…………？」いきなり咽喉へ鐵棒が入つたと思つた。

「もつとよく聞いてみれ。い、か、ホラ、ホラ、あれア×××××奴のしぼり上げる××。なあ。」

佐多には、それが何んと云つてゐるか分らなかつたが、一度きいたら、心にそのまゝ沁み込んで、きつと一生忘れる事が出來ないやうな××××××だつた。彼はぢいと、それに耳をすましてゐるうちに、夜無氣味な半鐘の音をきゝながら、火事を見てゐる時のやうに、身體が顫《ふる》はさつてきた。「齒の根」がどうしても合はなかつた。彼は知らない間に片手でぎつしり敷布團の端を握つてゐた。

「分る、分るよ！　な、×せ——え、×せ——えツて、云つてるらしい。」

「××——えツて？」

「ん、よく聞いてみれ。」

「なア、なア。」

「…………」

佐多は耳を兩手で覆ふと、汗くさいベト、ベトした布團に顏を伏せてしまつた。彼の耳は、そして又彼の腦髓の奧は、然しその叫聲をまだ聞いてゐた。しばらくして、それが止んだ。取調室の戸が開いたのが聞えてきた。二人は小さい窓に顏をよせて廊下を見た。片方が引きづられてゐる亂れた足音がして、二人が前の方へやつてくるのが見えた。薄暗い電燈では、それが誰か分らなかつた。うん、うん、うんといふ聲と、それを抑へる低い、が強い息聲が靜まりかへつてゐる廊下にきこえた。彼等の前を通るとき、巡査の聲で、

「お前は少し強情だ。」

さう云ふのが聞えた。

佐多はその夜、どうしても眠れず、ズキ、ズキ痛む頭で起きてしまつた。彼は「××」それを考へると、考へたゞけで背の肉がケイレンを起すやうに痛んだ。膝がひとりでにがくついて、へなへなと坐りこんでしまひたくさへなるのを感じた。すぐ咽喉が乾いてたまらなかつた。

それから二日ばかりした。佐多は立番の巡査に起された。來た！　と思つた。立ち上るには立ち上つた。然し彼の身體は丸太棒のやうに、自分の意思では動かなかつた。彼は、巡査に何か云はふとした。然し彼の顎ががくりと下がつて、思はず「あふは、あふは、あふは……」赤子がするやうな發音が出た。

巡査は分らない顔をして、今迄フウ、フウとはいてゐた煙草の煙の輪をとめて、「どうした？」と云つた。

龍吉の取調べは――初め、彼が學校に出てゐたとき、三回程檢束された事があつた、けれども、その時は彼から見れば、こつちがかへつて恐縮するやうなものだつた。「お前」とか「貴様」さう云ひはしなかつた。「貴方」だつた。それに彼等が龍吉からかへつて色々な事を教はる、といふ態度さへあつた。それが、然し、龍吉が學校を出て運動の「表」へ出かゝるやうになつてから、だん〳〵變つて行つた。「貴方」と「お前」をどまついて混用したり、又露骨に今までの態度をかへた。然しそれでもインテリゲンチヤである彼には、渡とか鈴本とか工藤などに對するのとちがつて、ずウと丁寧であつた。それには龍吉は苦笑した。渡は「小川さんはねえ、警察で一度ウンとこさなぐられたら、もつと凄く有望になるんだがな。」と云つたことがあつた。渡はかういふ事では、何時でもズパ〳〵云つた。

「君より感受性が鋭敏だから、結局同じことさ。」

彼は今迄たゞ一寸したおどかしの程度に平手しか食つてゐなかつた。が、今度の事件では渡などと殆んど同じに警察から龍吉がにらまれた。それが「凄く」彼に打ち當つてきた。

取調室の天井を渡つてゐる梁に滑車がついてゐて、それの兩方にロープが下がつてゐた。龍吉は××××（以下五行削除）彼の×、×××××××××なつた。眼は眞赤にふくれ上がつて、飛ひ出した。

「助けてくれ！」彼が叫んだ。

それが終ると、××に手をつツこませた。

龍吉は××で×××××××結果「××れた」幾人もの同志を知つてゐた。直接には自分の周圍に、それから新聞や雜誌で、それ等が慘めな××になつて引渡されるとき、警察では、その男が「自×」したとか、きまつてさう云つた。「そんな筈」の絶對にない事が分つてゐても、然しそれでは何處へ訴へてよかつたか？――裁判所？　だが、外見はどうあらうと、それだつて警察とすつかりグルになつてるではないか。××の内では何をされても、だからどうにも出來なかつた。これは面白い事ではないか。

「これが今度の大立物さ」×××が云つてゐる。彼はグラ〳〵する頭で、さういふのを聞いてゐた。

次ぎに、龍吉は着物をぬがせられて、三本一緒にした××で×××つけられた。身體全體がピリンと縮んだ。そして、その端が胸の方へ反動で力一杯まくれこんで、×××ひこんだ。それがかへつてこたえた。彼のメリヤスの冬シヤツがズタ〳〵に細かく切れてしまつた。――彼が半分以上も自分ので××××××××を、やうやく巡査の肩に半ば保たせて、よろめきながら廊下を歸つてゆくとき、彼が一度も「××」を受けた事のなかつた前に、それを考へ恐れ、その慘酷さに心から慘めにされてゐた事が、然し實際になつてみたとき、ちつともさうではなかつた事を知つた。自分がその當事者にいよ〳〵なり、そしてそれが今自分に加へられる――と思つたとき、不思議な「抗力?」が人間の身體にあつた事を知つた。××てくれ、××てくれと云ふ、然し本當のところ、その瞬間慘酷だとか、苦しいとか、さういふ事はちつとも働かなかつた。云へば、それは「極度」に、さうだ極度に張り切つた緊張だつた。「仲々×ぬもんでない。」これはそのまゝ本當だつた。龍吉はさう思つた。然し彼がゴロツキの浮浪人や乞食などの入つてゐる留置場に入れられたとき、――入れられた、とフト意識したとき、それツ切り彼は××失つてしまつた。

次の朝、龍吉はひどい熱を出した。付添の年のふけた巡査が額を濡れた手拭で冷やしてくれた。始終寝言をしてゐた。一日して、それが直つた。ゴロツキの浮浪人が、

「お前えさんのウワ言は仲々どうして。」

龍吉はギヨツとして、相手に皆云はせず。「何んか、何んか?」と、せきこんだ。彼は付添えの巡査のゐる處で、飛んでもない事を云つてしまつたのではないか、とギクリとした。外國では、取調べに、ウワ言をする液體の注射をして、それに乘じて證言を取る、さういふ馬鹿げた方法さへ行はれてゐる事を、龍吉は何か本で讀んで知つてゐた。

「ねえ、仲々×ぬもんか。――一寸すると、又仲々×ぬもんか、さ。何んだか知らないが、何十回もそれツばつかりウワ言を云つてゐたよ。」

龍吉は肩に力を入れて、思はず息を殺してゐたが、ホツとすると、急に不自

然に大聲で笑ひ出した。が、「痛た、痛た、痛た……。」と、笑聲が身體に響いて、思はず叫んだ。

濱武場では、齋藤が×××れたので氣が×ひかけてゐる、と云つてゐた。それは、齋藤が取調べられて、「お定まり」の××が始まらうとしたとき、突然ワツ!! と立ち上ると、彼は室の中を手と足と胴を一杯に振つて、「ワア――、ワア――、ワア――ツ!! と大聲で叫びながら走り出した。巡査等は初め氣をとられて、棒杭のやうにつッ立つてゐた。皆は變な無氣味を感じた。××、それが頭に來た瞬間、カアツとのぼせたのだ、氣が狂つたのだ、――さう思ふと、誰も手を出せなかつた。

「噓たらだ。やれツ!」

司法主任が鉛筆を逆に持つて、聽取書の上にキリ〳〵ともみこみながら、低い、冷たい聲で云つた。巡査等は無器用な舞臺の兵卒のやうに、あばれ馬のやうに狂つてゐる齋藤を取りかこんだ。(以下十五行削除)

齋藤はそのまゝ十日も取調べをうけなかつた。そのうち三日程演武場にゐて、監房へ移されて行つた。が、××があつてから、齋藤は今迄よりは眼に見えて、もつと元氣になつた。然しその元氣に何處か普通でない――自然でない處があつた。何か話しかけて行つても、うつかりしてゐる事が多く、めづらしく靜かにしてゐる時には、獨りでブツ〳〵云つてゐた。

澤山の勞働者が次から次へと、現場着のまゝ連れられてきた。毎日――打ツ續けに十日も二十日も、その大檢擧が續いた。非番の巡査は例外なしに一日五十錢で狩り出された。そして朝から眞夜中まで、身體がコンニヤクのやうになる程馳けずり廻はされた。過勞のために、巡査は付添の方に廻はると、すぐ居眠りをした。そして又自分達が檢擧してきた者達に向つてさへ、巡査の生活の苦しさを洩らした。彼等によつて××をされたり、又如何に彼等が反動的なものであるかといふ事を色々な機會にハツキリ知らされてゐる者等にとつて、さういふ巡査を見せつけられることは「意外」な事だつた。いや、さうだ、矢張り「そこ」では一致してゐるのだ。たゞ、彼等は色々な方法で目隱しをされ、その上催眠術の中にうまく〳〵と落されてゐるの［「ゐるの」は底本では「ゐの」］

だつた。では、どうすればよかつたか？　誰が一體その目隠しを取り除けてやり、彼等の催眠術を覺ましてやらなければならないのだ？――これア案外さう俺達の敵ではなかつたぞ、龍吉も他の人達と同じやうにさう思つた。

終ひには、檢擧された人の方で、酷き使はれてゐる××が可哀相で見てゐられない位になつた。どんなボロ工場だつて、そんなに「しぼり」はしなかつた。「もう、どうでもいゝから、とにかく決つてくれゝばいゝと思ふよ。」頭の毛の薄い巡査が、青いトゲ〳〵した顔をして、龍吉に云つた。「ねえ、君、これで子供の顔を二十日も――えゝ、二十日だよ――二十日も見ないんだから、冗談ぢやないよ。」

「いや、本當に恐縮ですな。」

「非番に出ると――いや、引張り出されると、五十錢だ。それぢや晝と晩飯で無くなつて、結局たゞで働かせられてる事になるんだ、――實際は飯代に足りないんだよ、人を馬鹿にしてゐる。」

「ねえ、水戸部さん。（龍吉は名を知つてゐた。）貴方にこんな事を云ふのはどうか、と思ふんですが、僕等のやつてゐることつて云ふのは、つまり皆んな「そこ」から來てゐるんですよ。」

水戸部巡査は急に聲をひそめた。（以下四十七行削除）

龍吉は明かに興奮してゐた。これ等のことこそ重大な事だ、と思つた。彼は、今初めて見るやうに、水戸部巡査を見てみた。蜜柑箱を立てた臺に、廊下の方を向いて腰を下してゐる、厚い巾の廣い、然し圓るく前こゞみになつてゐる肩の巡査は、彼には、手をぎつしり握りしめてやりたい親しみをもつて見えた。頭のフケか、ホコリの目立つ肩章のある古洋服の肩を叩いて、「おい、ねえ君。」さう云ひたい衝動を、彼は心一杯にワク〱と感じてゐた。

後に小林多喜二さんも、警察署で拷問され命を奪われます。

小林多喜二さんは、１９０３年10月13日、秋田県北秋田郡下川沿村（今は大館市）に小作農家の末松さん、セキさんの二男として生まれます。兄・多喜郎さん、姉・チマさん。

1907年1月、妹・ツギさんが生まれます。10月、兄・多喜郎さんが病死。

1907年2月下旬、一家は小樽に移住します。

1909年12月、弟・三吾《さんご》さんが生まれます。

1916年4月、塩見台小学校に入学します。

1920年3月、塩見台小学校を卒業します。

同年4月、伯父・慶義さんの援助を受けて北海道庁立小樽商業学校に入学。新富町の伯父・慶義さんの家に住み込み、パン工場の手伝いをしながら通学します。

同年7月、妹・幸さんが生まれます。

1917年、島田正策さん、斎藤次郎さんら数人と学内サークルを作り水彩画を書き始めます。

1919年4月、島田正策さん、蒔田栄一さん、斎藤次郎さん、片岡亮一さんらと回覧雑誌『素描』を創刊します。

その年の暮れまでに7集を出します。

詩や小品を『尊商』に発表し、『文章世界』、『中央文庫』へ詩の投稿を続けました。

同年5月、中央倶楽部《くらぶ》の第2回洋画展に水彩画3点、9月、白洋画会に水彩画5点を出品。

同年9月下旬、伯父に絵をやめさせられ、文学への熱意を深めました。

1921年2月、『素描』の廃刊後、習作の原稿をミシンでつづった『生まれ出づる子ら』を発行します。

同年3月、小樽商業学校を卒業します。

同年5月、伯父の援助を受けて小樽高等商業学校に入学します。

秋ごろから志賀直哉《しがなおや》さんの文学を学び始めます。

処女作は1921年の『老いた体操教師』です。

1922年、小樽高等商業学校校友会誌の編集委員に選ばれ、校友会誌に短編やフランスの作家・アンリ・バルビュスさん（1873年5月17日～1935年8月30日）の翻訳などを発表します。

『文章倶楽部』、『小説倶楽部』、『新興文学』へ短編小説の投稿を続け、『兄』が『文章倶楽部』（12月号）、『健』が『新興文学』（１９２３年１月号）に入選しました。

１９２３年２月、『継祖母こと』を書き、小樽高等商業学校校友会誌26号に発表しました。

同年４月、『藪入』を書き『新興文学』７月号に入選しました。

同年11月、『歴史的革命と芸術』を『新樹』に発表しました。

同月17日、18日、小樽高等商業学校の関東震災義捐《ぎえん》外国語劇大会でメーテルリンクさんの「青い鳥」に出演します。

１９２４年１月、『リズムの問題』を『新樹』に発表。

同年３月、『或《あ》る役割』を校友会誌32号発表。

同年同月、小樽商業学校を卒業しました。卒論にはストリートベルさんの研究を選びましたが、担任教授に反対されロシアの革命家・クロポトキンさん（１８４２年12月９日～１９２１年２月８日）の『パンの征服』、アルフレッド・スートロさんの戯曲《ぎきょく》『見捨てられた人』の訳に『自己の態度と覚書』を添《そ》えました。

北海道拓殖《たくしょく》銀行に勤めました。

1924年4月、北海道拓殖銀行小樽支店の計算係（2か月後、為替《かわせ》係）なりました。

同月、島田正策さん、斎藤次郎さん、蒔田栄一さんらと同人雑誌『クラルテ』を創刊（第2集から武田暹さんが参加）。

同年7月、『駄菓子屋』を『クラルテ』第2集に発表。

同年8月、父・末松さんが病死しました。

同年10月、不幸な境遇にあった5歳年下の田口タキさんを知り恋仲になります。

タキさんは父親が残した多額の借金により13歳のころから酌婦として飲み屋に売られていました。

多喜二さんは友人からの借金でタキを身請けし、結婚ではなく家族という形で実家に引き取りました。

多喜二さんの家族も暖かく迎えましたが、タキさんは身分の差に悩み7か月後に家出します。

1925年2月、『彼の経験』を『クラルテ』第4集に発表します。

同年4月、銀行員としての安易になりがちな生活態度を反省し、ノートの原稿帳をつくって刻苦の努力を始めます。推敲《すいこう》を重ね、発表に慎重《しんちょう》を期しました。

同年6月、『田口の「姉との記憶《きおく》」』(『北方文芸』1927年6月発行4号に発表)を書きます。

同年8月、『龍介の経験』(『極光』1926年7月号発表)を書きます。

1926年1月、『師走』を書き『クラルテ』3月発行終刊5集に発表。

同年5月26日、『折々帳』(日記)を書き始めました。

同年8月、『人を殺す犬』(高岡校友会誌。1926年3月発行38号発表)を書きます。

同年9月、葉山嘉樹《はやまよしき》さんの『淫売婦《いんばいふ》』に感銘《かんめい》を受けます。

同年11月、『ジェクスピアより先《ま》ずマルクスを』を小樽新聞に発表します。

このころから社会主義の学習を始めました。

1927年1月、『雪の夜』を書きました。

同年2月、『万歳々々』（『原始林』4月発行21集）を書きました。

同年3月、戯曲『女囚徒』（『文芸戦線』10月号）を書きました。

同月3日〜4月9日、磯野《いその》小作争議が小樽で労働者との最初の共闘でたたかわれました。

小林多喜二さんは、地主側の情報を争議団に提供しました。

同年5月、『十三の南京玉』を小樽新聞に発表しました。

同年6月19日〜7月4日、小樽港湾労働者の争議が起こり、ビラの製作に参加して応援しました。

同年8月、労働芸術家連盟に加盟します。9月には労働芸術家連盟の小樽支部幹事になります。

同月、古川友一《ふるかわともいち》さんの主宰《しゅさい》する社会科学研究会（火曜会）に参加。

小樽合同労働組合、労働農民党小樽支部の人たちとの関係をしだいに深めていきます。

『残されるもの』（『北方文芸』10月発行5号）、『最後のもの』（『師走』の改作。『創作月刊』1928年2月号）を書きます。

同年11月、労働芸術家連盟の分裂によって結成された前衛芸術家同盟に参加します。

同年3月から書き続けた長編『その出発を出発した女』を中編でやめます。

同年12月、中編『防風林《ぼうふうりん》』を寄稿します。

1928年1月、『誰《だれ》かに宛《あ》てた手紙』（『北方文芸』6月発行6号）を書き、『吹雪《ふぶ》いた夜の感想』を小樽新聞に発表します。

同年2月、普通選挙法による最初の国会選挙が行われました。投票できるのは成人男子のみなので、厳密には普通選挙ではありません。

小林多喜二さんは、北海道第1区で労働農民党から立候補した日本共産党の山本《やまもと》懸蔵《けんぞう》さんを応援し、羊蹄山麓《ようていさん》の村に応援演説に行きます。

この経験が、のちの作品『東倶知安行』に生かされています。

同年3月、『瀧子其他《たきこそのた》』（『創作月刊』4月号）を書きます。

同月15日、日本共産党とその支援団体への全国的ないっせい検挙が行われ、小樽でも弾圧を受けました。

同月25日、それまで分裂していた前芸と日本プロレタリア芸術連盟が合同し、全日本無産者芸術連盟（ナップ）が結成され、革命的文学芸術運動の基礎組織が確立されました。

4月26日、『防風林』が完成します。

5月、全日本無産者芸術連盟の機関紙『戦旗』創刊。

同月、小林多喜二さんは伊藤信二《いとうしんじ》さん、風間六三さんらと全日本無産者芸術連盟小樽支部を作ります。小林多喜二さんは、『戦旗』の配布を受け持ちます。

同月中旬、10日間の予定で上京し、蔵原惟人《くらはらこれひと》さんに初めて会い、以後、理論的影響を受け、固い友情に結ばれました。

5月26日、『防風林』をノートの稿のままにしておきました（戦後発見され、『社会評論』１９４７年11月、12月合併号。１９４８年11月号に発表）。

同年に起きた三・一五事件を題材に、中編『一九二八年三月十五日』を起稿します。

7月、為替係から調査係に変わりました。

同月、小樽合同労働者組合の後身・小樽運輸労働組合が創立します。

8月17日、『一九二八年三月十五日』完成。『戦旗』11月、12月号に発表（両号とも発表禁止）。

9月5日、『東倶知安行』（『改造』1930年12月）を書きました。

同月、三・一五事件によって中断されていた社会科学研究会を再開します。

10月14日、『防雪林』の改稿に着手します。

まもなく中止し、同月28日、中編『蟹工船』を起稿します。

11月末、小樽海員組合関係の北方海上属員倶楽部発行『海上生活者新聞』の文芸欄を担当。

12月25日、ナップが再編され、全日本無産者芸術団体協議会が成立しました。

1929年2月10日、日本プロレタリア作家同盟創立。小林多喜二さんは中央委員に選ばれました。同日、日本プロレタリア作家同盟の小樽支部を組織します。

同月30日、小林多喜二さんは『蟹工船』を『戦旗』に発表し、一躍、プロレタリア文学の旗手として注目を集め、同年7月には土方与志さんらの新築地劇団（築地小劇場より分裂）によって『北緯五十度以北』という題で帝国劇場で上演されました。

しかし、同時に警察（特に当時の特別高等警察）からも要注意人物としてマークされ始めます。

『蟹工船』、『一九二八年三月一五日』、および同年『中央公論』に発表した『不在地主』などがもとで拓銀を解雇（諭旨免職）され、翌年春に東京へ転居しました。日本プロレタリア作家同盟書記長となります。

1930年5月中旬、『戦旗』誌を発売禁止から防衛するため江口渙さん、貴司山治さん、片岡鉄兵さんらと京都、大阪、山田、松阪を巡回講演します。

5月23日に大阪で日本共産党へ資金援助の嫌疑で逮捕されますが、6月7日、いったん釈放されました。

しかし、6月24日に帰京後、作家の立野信之《たてののぶゆき》さん方で再び逮捕され、7月に『蟹工船』の件で不敬罪の追起訴を受けました。

8月、治安維持法で起訴、東京の豊多摩刑務所に収容されます。

1931年1月22日、保釈出獄します。

その後、神奈川県の七沢温泉に篭《こも》ります。

1931年9月6日、群馬県佐波郡伊勢崎町で行われた文芸講演会に全日本無産者芸術連盟が講師を派遣し、小林多喜二さん、小説家の村山知義《むらやまともよし》さん（東京市神田末広町、今の東京都千代田区生まれ。1901年1月18日～1977年3月22日）、作家の中野重治さん（福井県坂井郡高椋村、今の坂井市生まれ。1902年1月25日～1979年8月24日）が行きましたが、官憲は事前に検束してしまいました。民衆が長野県伊勢崎町の伊勢崎警察署を包囲し、抗議、占拠、乱闘のすえ、両者の交渉がもたれ、検束者全員の釈放が実現し、抗議団に逮捕者はありませんでした。

1931年10月、非合法の日本共産党に入党しました。

同年11月上旬、奈良の志賀直哉《しがなおや》さん（宮城県石巻町出身。1883年2月20日～1971年10月21日）邸を訪ねます。

1932年1月、『文芸時評』を『時事新報』に、『「組織活動」と「創作方法」の弁証法』を読売新聞に発表。『失業貨車』（『若草』3月号）を書きました。

同年2月、日本プロレタリア作家同盟が国際革命作家同盟に加入。日本プロレタリア作家同盟は、その日本支部になります。

同年3月、『戦争と文学』を東京朝日新聞に発表します。

同年3月8日、中編『沼尻村《ぬまじり》』を書き、『改造』4、5月号に発表します。

『「文学の党派性」確立のために』を『新潮』4月号に発表します。

同月24日、文化団体への弾圧が始まります。

小林多喜二さんは、長編『転形期の人々』の連載を打ち切ります。

同年4月上旬、宮本顕治《みやもとけんじ》さんらと地下活動に移り、文化・文学運動の再建に貢献します。

同月、東京の麻布《あざぶ》区東町に住み、伊藤ふじ子さん（山梨県清哲村出身。本名・森熊ふじ子さん。1911年2月3日〜1981年4月26日）と結婚します。

日本プロレタリア作家同盟第5回大会一般報告『プロレタリア文学運動の当面の

諸課題及《およ》びその「立ち遅れ」克服《こくふく》のために』を書きました。

5月、『文芸時評』を『中央公論』6月号、『暴圧の意義及びそれに対する逆襲《ぎゃくしゅう》を我々は如何《いか》に組織すべきか』を『プロレタリア文学』6月号に発表します。

7月、麻布区新網町《しんあみちょう》に移ります。

8月、『日和見《ひよりみ》主義の新しき危険性』を『プロレタリア文化』8月号に発表します。

同月、文化団体党グループの責任者になります。

同月25日、自らの地下生活の体験を元に中編『党生活者』(『中央公論』1933年4、5月号に『転換時代』の仮題で発表)を書きます。

同月、『沼尻村』を日本プロレタリア作家同盟出版部から出版します。

9月下旬、東京・麻布区桜田町《さくらだちょう》に一戸を借りて移ります。

この前後から林房雄《はやしふさお》さんを代表にする日和見主義との論争を続け、『二つの問題について』を『プロレタリア文化』12月号に発表します。

1933年1月7日、中編『地区の人々』を書き、『改造』3月号に発表します。

『右翼的傾向の諸問題』（続）を『プロレタリア文学』2月号に発表します。

同月4月20日ごろ、隠れ家を襲われて東京・渋谷区羽沢町《はねさわちょう》44の国井喜三郎さん方に1人で下宿します。

2月13日、『右翼的傾向の諸問題』の最終章『討論終結のために』を書き終えます。

岩田義道さんが虐殺されてから3か月後、小林多喜二さんは、詩人の今村恒夫さんとともに東京・赤坂福吉町の街頭で検挙され、わずか7時間後に東京の築地署で虐殺されました。

1933年2月20日、小林多喜二さんは日本共産青年同盟中央委員会に潜入していた特高警察のスパイ・三船留吉からの提案によって、東京・赤坂の連絡場所で三船と落ち合う予定で、日本共産青年同盟の詩人・今村恒夫さんとともに訪れました。その待ち合わせの場所には、三船からの連絡により張り込んでいた特高警察が待機していました。

小林多喜二さんは、そこから逃走を図りましたが、逮捕されました。

東京中央区築地の築地警察署内築地署の留置場にいて目撃した人や、遺体を見た人たちの多くの証言があり、作家・手塚英孝さんが『小林多喜二』に詳細に記録しています。

拷問の凄惨《せいさん》さは、安田徳太郎医学博士とともに遺体を検査した作家・江口渙さんが『作家小林多喜二の死』にリアルに描写しています。

…首には一まき、ぐるりと深い細引の痕がある。よほどの力で締められたらしく、くっきり深い溝になっている。そこにも、無残な皮下出血が赤黒く細い線を引いている。左右の手首にもやはり縄の跡が円くくいこんで血がにじんでいる。だが、こんなものは、からだの他の部分とくらべるとたいしたものではなかった。さらに、帯をとき、着物をひろげ、ズボンの下をぬがせたとき、小林の最大最悪の死因を発見した私たちは、思わず「わっ」と声をだして、いっせいに顔をそむけた…

小説『蟹工船』や『一九二八年三月十五日』の作者であり、都新聞（東京新聞の前身）の連載小説『新女性気質』の作者としても有名だった小林多喜二さんの死は、翌21日の臨時ニュースで放送され、各新聞も夕刊で報道しました。しかし、その記事は「決して拷問したことはない。あまり丈夫でない身体で必死に逃げまわるうち、心臓に急変をきたしたもの」（毛利基警視庁特別高等警察課長談）など、特別高等警察の発表をうのみにしただけのものでした。

それればかりか、特別高等警察は、東京帝国大学、慶応義塾大学、慈恵医科大学に圧力をかけ、遺体解剖を拒絶させ、真相が広がるのを恐れて葬儀に来た人を次々に検束しました。

時事新報記者・笹本寅さんが、検事局へ電話をかけて、「たんなる病死か、それとも怪死か」と問い合わせると、「検事局は、あくまでも心臓マヒによる病死と認める。これ以上、文句をいうなら、共産党を支持するものと認めて、即時、刑務所へぶちこむぞ」と、検事の一人が大喝《だいかつ》して電話を切ったという事実も書き残されています。

拷問は禁止されており、虐殺に関与した特別高等警察官は殺人罪により「死刑又は無期懲役」で罰せられて当然でした。しかし、警察も検察も報道もグルになってこれを隠し、逆に、天皇は、虐殺の主犯格である安倍警視庁特別警察部長、配下で直接の下手人である毛利特別警察課長、中川、山県両警部らに叙勲を与え、新聞は「赤禍撲滅の勇士へ叙勲・賜杯の御沙汰」と報じたのです。

江口渙さんが戦後発表した『作家小林多喜二の死』という文章を手塚英孝さんが『小林多喜二』で紹介しています。

それによると、中川成夫・警視庁特高係長（警部。のちに滝野川区長、東映取締役）の指揮の下に多喜二さんを寒中丸裸にして、まず須田と山口が握り太のステッキで打ってかかったとあります。

その後、警察署から築地署裏の前田病院に搬送され、夜7時45分に多喜二さんの死亡が確認・記録されました。

新聞報道によると、2月20日正午ごろ、別の日本共産党員1人と赤坂福吉町の芸妓屋街で街頭連絡中だった多喜二さんは、築地署小林特高課員に追跡され約20分にわたって逃げ回り、溜池の電車通りで格闘の上取押さえられそのまま築地署に連行されました。

最初は小林多喜二であることを頑強に否認していましたが、同署水谷特高主任が取調べた結果、自白しました。

築地署長は、「短時間の調べでは自供しないと判断して外部からの材料を集めてから取調べようと、いったん5時半、留置場に入れたが間もなく苦悶《くもん》を始め7時半にはほとんど重体になったので前田病院に入院させる処置を取り、築地署としては何の手落ちもなかった」との説明をしています。

小林多喜二さん死亡時の警視庁特高部長は安倍源基さんで、その部下であった中川さん、特高課長の毛利基さん（戦後、埼玉県警幹部）、警部・山県為三さん（戦後、スエヒロを経営）の3人が直接手を下しています。

小林多喜二さんは、1933年2月20日没（享年29歳）。

警察当局は翌21日に「心臓麻痺」による死と発表しました。

小林多喜二さんの遺体は、22日、東京・杉並区馬橋《まばし》の自宅に運ばれました。

小林多喜二さんの母・セキさんは彼の遺体を抱きしめて、「それ、もう一度立たねか、みんなのためもう一度立たねか！」と叫びました。

かけつけた近親や日本プロレタリア作家同盟の仲間、小樽《おたる》時代からの友人たちの安田博士が検査しました。見守るなかで、安田博士が検査しました。

激しい苦痛に頬《ほほ》はこけ、眼がくぼんだ小林多喜二さんの左のこめかみには直径3センチの打撲傷を中心に5、6か所の傷痕《きずあと》があり、赤黒く皮下出血していました。帯をとき、着物をひろげ、ズボン下を脱がせると、毛糸の腰巻に半分かくされた下腹から膝頭にかけて一面に皮下出血し、太ももは普通の2倍ほどにふくれあがり、赤黒い内出血は陰茎から睾丸《こうがん》におよび、異常にはれていました。左右の太ももには、錐《きり》か釘《くぎ》で突いたような穴が10数か所もあり、そこだけは皮膚がかぶれて肉が露出し、向こうずねにも深く削ったような傷痕がありました。手は、右手の人さし指が骨折し、指先が手の甲につくありさまですし、歯も上顎の左の門歯がぐらぐらになって、わずかに付いているだけでした。

同22日、小林多喜二さんの遺体を解剖してもらうため、東京帝国大学、慶応義塾大学とかけあいましたが、いずれも断られ、ようやく慈恵医大の承諾を得て、遺体を病院に運びました。ところが、愛宕《あたご》警察署に解剖届を出してもどると、病理学教室側の態度は一変して、なんとしても解剖を拒み続け、遺体はまた自宅にもどさなければなりませんでした。

警視庁と杉並警察署とは、小林多喜二さんの家の近くの空家に警戒本部を置き、近親者のほかは家から追い出し、弔問に訪れる人びとを片っぱしから検挙しました。三・一五事件の記念日、日本プロレタリア文学連盟をはじめ、僅かに合法性の維持された左翼団体によって労働葬全国葬儀委員会がつくられ、築地小劇場で小林多喜二さんの葬儀がおこなわれることになりました。しかし、会場は大動員された警察官に占拠され、近づく者はすべて検挙されました。

小林多喜二さんの死に顔は日本共産党の機関紙・赤旗《せっき》が掲載したほか、同い歳で同志の岡本唐貴さんにより油絵で描き残され、千田是也さんが製作したデスマスクも小樽文学館に現存しています。

『中央公論』編集部は、小林多喜二さんから預かったまま掲載を保留していた

『党生活者』の原稿を『転換時代』という仮題で『中央公論』（1933年4、5月号）に、遺作として発表しました。

全体の5分の1にわたり伏字が施《ほどこ》されました。

3月15日には東京の築地小劇場で多喜二さんの労農葬が執り行われました。

最後の小説は1933年1月7日に書きあげ、『改造』3月号に発表の『地区の人々』。

評論は、『プロレタリア文学』2号、『プロレタリア文化』3、4月号に掲載の『右翼的偏向の諸問題』。

小林多喜二さんが殺された当時の内務省警保局局長の松本学さん（岡山県出身）は前年の五・一五事件の直後に局長に任じられていましたが、退官後は貴族院勅選議員に任じられ、戦後は中央警察学校（現警察大学校）校長を務めたのち、日本港湾協会会長、社団法人世界貿易センター会長、自転車振興会連合会会長などを歴任しました。

下川沿駅前に小林多喜二さんの生誕碑があります。

小林多喜二さんの墓は北海道小樽市の奥沢墓地にあります。

小林多喜二さんの作品

『不在地主』（1928年11月1日。『戦旗』）。
『防雪林』（1953年6月25日）。
『党生活者』（1974年12月20日）。
『蟹工船』（1953年6月28日）。
『党生活者』（1968年5月30日）。
『工場細胞』（1978年2月25日）。
『父帰る』（1985年3月25日）。
『争われない事実』（1985年3月25日）。
『疵』（1985年3月25日）。
『級長の願い』（1985年3月25日）。
『人を殺す犬』（1967年12月12日）。

『雪の夜』（１９６７年12月12日）。

『不在地主』（１９５３年６月25日）。

『独房』（１９７８年２月25日）。

『母たち』（１９７８年２月25日）。

『小林多喜二全集　第７巻』（１９８３年１月30日。新日本出版社）。


参考資料　松尾洋さん著『治安維持法と特高警察』（１９７９年４月20日。教育社）。

『手塚英孝著作集』（１９８２年12月１日。新日本出版社）。

不破哲三さん著『小林多喜二　時代の挑戦』（２００８年７月10日　第２版。新日本出版社）。

黒原善太郎さん

黒原善太郎さん（１９０８年７月25日、高知県高岡郡久礼村生まれ）の父は丑太郎さん、母は亀雄さん。７人兄弟の長男です。高知県の須崎に出て傘づくりの仕事につきます。

大崎茂美さん宅の離れで1年半ほど住みます。

１９３２年、田村乙彦さん、広海太治さん（本名・藤原運さん—１９１０年８月25日、高知県高岡郡越知町生まれ。１９６０年８月25日、胃がんで死亡。享年50歳）らの指導で高知県の須崎で文化サークルの活動を始めます。

１９３２年10月、澄宮（三笠宮）の来高にあたって予備検束され拘禁29日の後、釈放されます。

１９３２年11月、「師団演習絶対反対」のビラを撒布し、逮捕され１か月拘留されます。

１９３３年３月、日本プロレタリア作家同盟高知支部機関誌「作同ニュース」「高知の旗」を発行します。

同年７月７日、古味峯次郎さんらと「文化連盟フラクション」を構成します。

同日、古味峯次郎さん、筒井泉吉さんらと共に日本共青年同盟、日本プロレタリア作家同盟再建グループとして、第４次治安維持法事件で検挙されます。同年10月５日、高知県長岡郡大篠村（今は南国市）大篠警察署で拷問によって死亡します。

黒原善太郎さんの墓（高知県高岡郡中土佐村丑ケ駄馬。今は中土佐町）には次のような言葉が刻まれています。

昭和46年10月５日、旧友、有志建立
平和と民主主義の為にたたかいのさ中、長岡郡大篠警察署において、白色テロの犠牲になった
戦士、此に眠る
昭和８年10月５日没　享年26歳

参考資料　『不屈に生きた土佐の同志《とも》』（２００６年12月15日。治安維持法犠牲者国家賠償同盟高知県本部、平和資料館・草の家）。

筒井泉吉さん

筒井泉吉《つついせんきち》さん（1914年1月1日、高知県安芸郡和食村生まれ）は、父・甚吉さん、母・左馬尾さんの長男。

3歳のとき、高知県幡多郡中村町（今の四万十市）に転居しました。

1928年、中村町の中村高等小学校を卒業します。

中村電気会社（伊予鉄道の下請け）に1年間勤め、大阪に出ました。

帰郷後、野村自動車木材取扱店で切符売りをしながら、日本労働組合全国協議会、日本共産青年同盟の活動に入りました。

1932年、国見主殿さん、善弘さん兄弟らと日本プロレタリア作家同盟高知支部幡多地区を組織し、機関誌『百姓』改題『驀進《ばくしん》』に参加。

渡川専太のペンネームで数遍の詩を掲載。

また、1932年4月21日、治安維持法違反で逮捕され牢獄につながれた「木原」をうたった詩を書きました（１９３３年『驀進』第2巻第3号　４・５月合併号）。

弾圧による組織破壊のなか高知市に出て、関西との連絡をとりながら全協・共青組織の再建にあたりますが、五味峰次郎さん、下田徳幸さんらと活動中、１９３３年７月６日、高知市でいっせい検挙されます。

１９３３年9月19日、高知水上署で拷問により死亡。

筒井泉吉さんの記念碑は１９７６年7月、国民救援会、解放運動旧友会、筒井泉吉墓碑建設幡多地区実行委員会によって建設されました。碑文は次のとおり。

筒井泉吉ここに眠る

１９１４年1月1日生、共青、全協、プロレタリア作家同盟の活動に従事、１９３３年9月19日、時の権力により虐殺される。

行年20才。志を継ぐもの之を建つ。

参考資料

土佐プロレタリア詩集編集委員『土佐プロレタリア詩集　１９３１～３７』（１９７９年2月発行）。

治安維持法犠牲者国家賠償要求同盟高知県本部『不屈に生きた土佐の同志《とも》』（２００６年12月15日発行。平和資料館・草の家）。

刑務所内で獄死した人々

池田勇作さん

池田勇作さんは、１９３１年から１９３４年の終わりまでの間、山形県庄内地方のプロレタリア文化連盟の活動家で日本プロレタリア作家同盟、日本プロレタリア演劇同盟の運動を展開しています。

『山形県史　第5号』「県内のプロレタリア文化運動」の項には彼の活動に関し、鶴岡で１９３２年1月に鶴岡文化クラブを40余人で結成し、読書会や座談会、演劇講演、機関紙発行などの活動を展開していたと書いてあります。

……伊藤は側にある鉛筆を取ると看守が見飽きてなげ出した「警察協会雑誌」の裏表紙にゴヂックで、…恨みの日三月一五日同志小林多喜二の労農葬を守れ！　憎む可き白テロにデモで逆襲せよ！　などとスローガンを書きなぐると一寸鉛筆を置いて「三月一五日午前三時一斉に黙祷せよ！」と書きたした。

看守は目を大きく見張って、その一字々々を見つめていた……

池田勇作さんが活動した日本プロレタリア作家同盟山形支部準備会機関紙『庄内の旗』第3号（1933年6月発行）に、1933年3月15日の自らの4度目の逮捕を材料に報告文学として発表した『黙祷』の一節です。

特別高等警察の付け廻しと度重なる逮捕で活動の場だけでなく生活の糧さえ危うくなった彼は上京し、活動の場を東京に移し、社会運動通信社、ハウスオルガン(広報誌)、機械工の友などの記者、日本技術協会書記と職を変え、さらに日本ダイカスト、東京自動車、三菱重工業社などの工場労働者も経験しています。

1938年ごろ、伊藤律の指導する「第二指導部」で麻生正子さん、新井静子さんらと、また、１９４０年ごろは岡部隆司さんや長谷川浩さんの下で阿部郁さんらと共にいくつかの職場支部への啓蒙《けいもう》活動を担い、さらに野本正治さんなどと連携して、日本共産党再建に取り組んでいました。

そして、１９４０年６月25日に妻の阿部郁さんと共に逮捕されます。池田勇作さん、妻の郁さんなどの一連の逮捕は伊藤律の特別高等警察への屈服で売り渡されたと言われます。

１９４３年の秋、池田勇作さんは長期勾留の後、結核で衰弱した体で下獄し、１９４４年３月12日、東京の豊多摩刑務所で獄死しました。

遺骨を抱いて故郷の庄内に帰った郁さんも結核によって１年後の１９４５年３月13日、亡くなりました。

参考資料　治安維持法犠牲者国家賠償要求同盟編『抵抗の群像　第１集』（２００８年３月15日）。

戦争に反対した漫画家たち

柳瀬正夢さん

柳瀬《やなせ》正夢《まさむ》さん（愛媛県松山市生まれ。１９００年1月～１９４５年5月）は、戦前のプロレタリア美術運動の画家、漫画家です。

とくに、１９２５年9月、非合法下にあった日本共産党の合法機関紙として創刊された無産者新聞への参加は柳瀬さんの活動の画期をなしています。

3歳で母と死別し、家計を助けながら画家を志しました。

11歳のとき、福岡県門司市（今の北九州市）に移ります。

1915年、15歳で油彩「河と降る光と」が院展に入選し、早熟の天才画家として有名になりました。

その後、19歳で上京し絵画を学び、1920年には読売新聞に入り、時事漫画を描いていました。

米騒動やロシア革命に刺激され、大正デモクラシーが高まりをみせたときで、文芸界でも民衆芸術論がさかんにおこなわれたころでした。

柳瀬さんは、最先端をいく美術運動にはいつも加わり、1921年には「種蒔く人」や未来派美術協会に参加しました。

1923年には日本漫画会の発起人になっています。

大きな転機は、1925年創立の日本プロレタリア文芸連盟と、同年創刊の無産者新聞への参加でした。

無産者新聞では、政治漫画91作品、小説の挿絵47作品のほか、ポスター「全民衆の味方、無産者新聞を読め」（1927年）や、治安維持法の死刑法への改悪時に、次の詩を投稿しています（1928年6月21日）。

今
ボウアツを抜けた
イキますますケンコウ
僕へのムチは
無新へのムチだ
無新即労働者農民の頭だ
我等の頭を
鉄火の中にきたえよ！
労働者と農民の
われらの
無産者新聞を守れ！

1928年創刊の『無産者グラフ』の編集長にもなっています。

「出兵に反対せよ！」（１９２７年1月22日付）、「川崎造船部三千の労働者立つ」（１９２７年12月20日付）、「野田へ！　野田へ！　野田争ギを応援しろ！」（１９２７年12月25日付）など、創作姿勢は常に反戦であり民衆を向いていました。

後年（１９３０年）、「全国津々浦々の労働者農民から矢継ぎ早に寄せられていた実に具体的な緻密《ちみつ》な啓蒙と批判の言葉」「これらの執ような声にかきたてられ、編集の厳密なろ過と淘汰《とうた》に打ちたたかれて、ヒ弱い小ブルの持っていた筆がプロレタリアート自身の持筆へと頑強に仕上げられていった」と回想しています。

こうしてみずからを鍛え、１９２８年には全日本無産者芸術連盟（ナップ）結成に参加、機関紙『戦旗』の表紙や挿絵を描き、１９２９年から「ねじ釘《くぎ》」のサインを使い始め、１９３１年10月には、日本共産党に入党します。

１９３２年12月、特別高等警察に逮捕され拷問を受け、翌年12月に起訴猶予で釈放されますが、政治漫画を描く自由を失います。

その後もドイツ出身の画家・ゲオルグ・グロッスさん（１８９３年7月26日〜１９５９年7月6日）の展示会を銀座で開いて反体制的姿勢を示しました。

1945年5月25日、アメリカ軍機の東京山の手空襲により新宿駅西口で戦災死しました。享年45歳。

長野県の諏訪に疎開していた娘を見舞うため、22時発の中央本線の夜行列車に乗ろうとしたところ、この空襲にあいました。遺族によって柳瀬の遺体が発見されたのは、死後4日たった5月29日でした。

東京都東村山市の圓龍寺の柳瀬家の墓に眠っています。

参考資料

井出孫六さん著『ねじ釘の如く―画家・柳瀬正夢の軌跡』（1996年。岩波文庫）。
柳瀬正夢研究会『柳瀬正夢　反骨の精神と時代を見つめる眼』（1999年3月2日）。
柳瀬正夢全集刊行委員会編『柳瀬正夢全集』（2013年～。全4巻＋別巻1）。
しんぶん赤旗　2008年3月6日付「知りたい聞きたい　反戦画家、柳瀬正夢はどんな人？」。

松山文雄さん

松山文雄さん（１９０２年５月18日、長野県小県郡大門村―今は長和町―生まれ。１９８２年３月３日。79歳で死去）は、洋画家、漫画家、童画家、美術評論家。小県大門、尾山大助などのペンネームも用いました。

高等小学校卒業後、画家を目指すため、１９２４年に上京し、１９２５年、本郷研究所に入ります。

同年６月、岡本帰一さんの知遇を得て、児童画を書き始めます。

その後、前衛美術の影響を受け、翌年10月、村山知義さん、柳瀬正夢さんらが発起人となってできた日本漫画家連盟に参加します。

１９２７年、日本プロレタリア芸術連盟の美術部員となります。

そして、反戦ビラを東京の中野通信隊の塀にはって検挙、投獄されてしまいます。

１９２８年、『東京パック』に『旅中小旅記』が初めて掲載されます。

1929年、雑誌『戦旗《せんき》』に徳永直《とくながすなお》さんの『太陽のない街』の挿絵を執筆します。

1930年、雑誌『ナップ』に論文『プロレタリア漫画の確立へ』を掲載しました。

1931年、絵本『ハンセンエホン誰のために』を刊行しますが、発禁処分が下ります。

同年、非合法下の日本共産党に入党します。

翌年6月から2年8か月間、治安維持法違反により投獄されます。

1935年に結婚します。

同年4月、柳瀬正夢さん、加藤悦郎さんらと風刺画研究会を結成します。

1940年、壺井栄さんの『暦』、宮本百合子さんの『三月の第四日曜』の装丁を始めとし、数多くの装丁を手がけました。

本の装丁は最晩年まで、彼の仕事として続けられました（1976年に刊行された『宮本顕治公判記録』など）。

1945年には、日本共産党に再入党しました。

しんぶん赤旗に『下からはねかえす力』を発表します。

１９４６年には、日本美術会に参加します。

１９４７年、風刺雑誌『クマンバチ』を創刊します。

１９６４年から、しんぶん赤旗日曜版に『鳥獣戯画』を連載します。

１９８０年に『画集まつやまふみおの世界』を刊行します。

同書により、日本漫画家協会の審査員特別賞を受賞します。

同年、日本ジャーナリスト会議特別賞を受賞します。

このころ赤旗日刊紙の記者だった私・藤原義一は、代々木病院に入院中の松山さんにインタビュー。記事は日刊紙の15面に掲載されました。

１９８２年3月3日、東京都渋谷区の代々木病院で死去しました。

まつやまふみおさんの著書

『柳瀬正夢』(五味書店)。

『日本プロレタリア美術史』(造形社)。

『赤白黒―諷刺画40余年』（造形社）。
『漫画でみる戦後史』（新日本出版社）。
『漫画でみる現代史』（新日本出版社）。

森熊猛さん

森熊猛《もりくまたけし》さんは、１９０９年4月1日、北海道夕張炭鉱地帯の真谷地で生まれました。

１９２７年、北海道札幌市の北海中学校を卒業しました。

この学校では、日本共産党の野呂栄太郎さんも学んでいます。

この時代は不況のどん底で、ルンペンが街をウロウロしていましたし、農村では「娘売ります」の札が出ていました。

北海タイムス社が漫画を募集していたので、これに応募しました。

それが入選して、森熊さんは1円の賞金を獲得しました。コーヒーが1杯10銭のころのことです。

選者は加藤悦郎さんでした（戦後、しんぶん赤旗に風刺漫画を描きました）。

加藤さんが森熊さんを訪ねてきて「漫画をやらないか」と誘いました。

加藤さんは31歳、森熊さんは21歳でした。

加藤さんが森熊さんを最初に連れて行った所は佐藤八郎さんが経営していた喫茶店でした。佐藤さんは元アナキストでした。

「いい若いもんが来た」というわけで、早速、プロレタリア美術家連盟がつくられました。

1930年、第1回目のプロレタリア美術展を札幌で開きました。

この年は札幌市議会議員選挙があって高橋さんという日本労働組合全国協議会（全協）系の人が立候補しました（落選しました）。

この選挙期間中に特別高等警察が活動家をリストアップしていて、12月1日、いっせい家宅捜索をやりました。

森熊猛さん宅にも警察が押し入り、雪の降っている朝、親兄弟のいる目の前で猛さんを連行しました。猛さんが21歳のときでした。

翌1931年、森熊猛さんは、プロレタリア美術運動に参加しました。

ガリ版でドイツ人のカール・マルクスさん（1818年5月5日～1883年3月14日）、ロシア人のウラジーミル・レーニンさん（1870年4月22日～1924年1月21日）、ポーランド生まれのローザ・ルクセンブルクさん（1871年3月5日～1919年1月15日）の顔を綺麗に刷って発表しました。

この年、1931年、プロレタリア美術の仲間も15、16人に増えました。

同年9月29日、2人の刑事が森熊猛さんの家に押し入り、猛さんに手錠をかけて連行しました。

ちょうど隣の部屋に病気で寝ていた弟さんがフスマを開けて、この様子を見ていて猛さんとバッチリ目が合いました。弟さんは、すぐその後、その場所で亡くなりました。

弟さんの葬式は、長男の猛さんがいない葬式でした。

1932年、猛さんは加藤悦郎さんを追って上京しました。

1933年、猛さんたちが日本プロレタリア美術家連盟再建のために働いていたころ、10数人の男性に女性が1人の会議で妙齢の女性がいました。次は、大崎の労働者クラブへその女性と2人で行く機会がありました。似顔絵を描いたり、サークル活動をやって帰りました。彼女は伊藤ふじ子さんといって21歳。猛さんが23歳のときで、2人は結婚しました。ふじ子さんは、以前に小林多喜二さんと結婚していた人です。

1934年、日本プロレタリア美術家連盟は解散しました。

猛さんは、友人の家賃滞納のトラブルに巻き込まれてビラの印刷現場で逮捕されます。この時は縄でぐるぐる巻きにされました。

次には身に覚えがないのに、自室で赤旗《せっき》が発見されて逮捕されます。

2004年9月7日午後9時半、肺炎のため横浜市戸塚区の病院で死去。享年95歳。

参考資料　『私の八月十五日――昭和二十年の絵手紙』（２００４年。私の八月十五日の会）。

戦争に反対した女性たち

明治天皇、大正天皇、昭和天皇が侵略戦争の指揮をしていたころ、その侵略戦争に反対する女性たちがいました。

こんな人たちでした。

与謝野晶子さん

与謝野晶子さん（旧姓・鳳《ほう》、本名・志《しょう》やうさん。１８７８年12月7日～１９４２年5月29日）は歌人です。

大阪の老舗和菓子屋に生まれました。

漢学塾や琴・三味線などのお稽古事をしました。

10歳の頃から放課後に店の帳簿付けなどを手伝いました。

それが終わった夜中に『源氏物語』などの古典に触れ、文学に親しんでいきました。

学校を出る頃にはお店のことはすっかりできるようになっており、店番の合間に和歌を詠み、投稿するようになっていました。

そして1900年、大阪で開かれたとある歌会で与謝野鉄幹さんと知り合って不倫関係になります。

同時に鉄幹さん創立の機関誌『明星』で短歌を発表し、晶子さんは本格的に文壇デビュー。

しかし、不倫の悪評は拭いきれませんでした。

晶子さんは勘当覚悟で実家を出て、鉄幹さんの住む東京に引っ越し。同年、処女歌集『みだれ髪』を出します。

やは肌のあつき血汐《ちしお》にふれも見でさびしからずや道を説く君
乳ぶさおさへ神秘のとばりそとけりぬここなる花の紅ぞ濃き

1904年9月、『明星』に詩「君死にたまふことなかれ　旅順口包圍軍の中に在る弟を歎きて」発表します。

君死にたまふことなかれ
旅順口包圍軍の中に在る弟を歎きて

與謝野晶子

あゝをとうとよ、君を泣く、
君死にたまふことなかれ、
末に生れし君なれば

親のなさけはまさりしも、
親は刃《やいば》をにぎらせて
人を殺せとをしへしや、
人を殺して死ねよとて
二十四までをそだてしや。

堺《さかひ》の街のあきびとの
舊家《きうか》をほこるあるじにて
親の名を繼ぐ君なれば、
君死にたまふことなかれ、
旅順の城はほろぶとも、
ほろびずとても、何事ぞ、
君は知らじな、あきびとの
家のおきてに無かりけり。

君死にたまふことなかれ、
すめらみことは、戰ひに
おほみづからは出でまさね、
かたみに人の血を流し、
獸《けもの》の道に死ねよとは、
死ぬるを人のほまれとは、
大みこゝろの深ければ
もとよりいかで思《おぼ》されむ。

あゝをとうとよ、戰ひに
君死にたまふことなかれ、
すぎにし秋を父ぎみに
おくれたまへる母ぎみは、

なげきの中に、いたましく
わが子を召され、家を守《も》り、
安《やす》しと聞ける大御代も
母のしら髪はまさりぬる。

暖簾《のれん》のかげに伏して泣く
あえかにわかき新妻《にひづま》を、
君わするるや、思へるや、
十月《とつき》も添はでわかれたる
少女ごころを思ひみよ、
この世ひとりの君ならで
あゝまた誰をたのむべき、
君死にたまふことなかれ。

晶子さんは、ここから38年後に、こんな残念な歌を詠んでいます。

水軍の大尉となりてわが四郎み軍《いくさ》にゆくたけく戦へ

一転して戦争擁護派となったのです。

参考資料　NHK取材編集『その時歴史が動いた』（7冊セット。2000年9月。KTC中央出版）。

宮本百合子さん

宮本百合子さん（1899年2月13日〜1951年1月21日）は、昭和期の小説家、評論家。旧姓は中條《ちゅうじょう》、本名はユリ。

1899年2月13日、中條ユリさんは、大正時代の著名な建築家・中條精一郎さんと妻・葭江《よしえ》さんの長女として、東京市小石川区原町（今の文京区千石1丁目）に生まれました。

父・精一郎さんは山形県米沢に生まれ、東京帝国大学工科大学建築科を卒業後、文部省の技師を経て札幌農学校土木工学科講師嘱託となりました。母・葭江さんは明治初期に思想家として活躍した西村茂樹の長女で、華族女学校出の才媛。父方の祖父・中條政恒さんは元米沢藩士で、明治には福島県典事を勤め、安積疏水の開削《かいさく》に尽力しました。

1908年、父が文部省技官をやめて仲間と法律事務所を創立。

父の仕事の関係で2年半、3歳まで札幌で育ち、その後、東京の本郷区駒込千駄木林町（今の文京区千駄木5丁目）に転居します。

父はイギリスへ単身留学します。

6歳のとき叔父（ホーリネス教会宣教師）がアメリカ合衆国から帰国して同居し（1年ほどで病死）、8歳のとき父親も帰国し、欧米の思想に触れながら育ちました。

母から習字を、久野久子からピアノを習い、美術館や観劇にも親しむなど、中流上層家庭らしい豊かな情操教育を受けます。

1911年、東京市本郷区の誠之尋常小学校（今の文京区立誠之小学校）を卒業。同年、東京女子師範学校附属高等女学校（今の、お茶の水女子大学附属中学校・お茶の水女子大学附属高等学校）に入学。

在学中から小説を書き始めます。

1916年、日本女子大学英文科予科に入学早々、17歳で中条百合子の名で白樺派風の人道主義的な中編小説『貧しき人々の群』を『中央公論』9月号に発表し、天才少女として注目を集めました。同作は、子どもの頃から夏休みに遊びにいっていた父の実家の開拓村を舞台としたものでした。

なお日本女子大学予科は、1学期で中退しました。

1917年、『日は輝けり』、『禰宜様宮田』を発表。『貧しき人々の群』を刊行。

1918年、『一つの芽生《めばえ》』を発表します。

同年5月、北海道に行き父の知人のイギリス人・バチューラー博士の家に滞在。

8月までアイヌ村を歩き『風に乗って來るコロボックル』を執筆。

9月、父と共にアメリカへ行き、ニューヨークで第一次大戦の休戦を迎えました。

1919年、コロンビア大学聴講生となりました。

同年10月、ニューヨークで15歳年上の古代東洋語研究者・荒木茂さんと20歳で結婚しました。

『美しき月夜』、『渋谷家の始祖』を執筆。

同年12月に帰国しました。

1920年4月、荒木茂さんが日本に帰り、百合子さんの生家に同居しました。

同年9月、駒込片町10に家を持ちます。

翌年、『我に叛く』を執筆します。

1922年2月、青山北町1の8に転居。

同年7月、ロシア飢餓救援婦人有志会の発起人になりました。

野上弥生子さんと交友が始まりました。

1924年、『古き小画』、『心の河』を発表。

同年春、湯浅芳子さんを知りました。

同年夏、夫婦の間には生活の面での食い違いが生じ、荒木さんと離婚しました。『伸子』を書き始めます。

1925年2月、野上弥生子さんを介して知り合ったロシア文学者・湯浅芳子さんと小石川区高田老松町で共同生活をおくりながら、破綻した不幸な結婚生活を長編『伸子』にまとめました。

この時期の湯浅さんとの往復書簡の大部分が、2008年に翰林書房より刊行されました。

2011年には、この時期の湯浅さんとの共同生活を描いた映画『百合子、ダスヴィダーニヤ』（浜野佐知監督）が公開されました。

1927年、前年の『一太と母』、『小村淡彩』についで、この年『一本の花』を執筆。

3年間書き続けた小説『伸子』の推敲《すいこう》を終えて12月、湯浅さんとともにソビエトに滞在して『モスクワの印象』、『赤い貨車』を執筆。

8月1日、故国で中條家の二男・美男さんが自殺しました。

9月、ロシアの作家、マクシム・ゴーリキーさん（1868年3月28日〜1936年6月18日）に会いました。

1929年5月から11月末までワルシャワ、ベルリン、ウィーン、パリ、ロンドン各地にゆきました。

同年7月、マルセーユで故国からの父母弟妹を迎えました。

1930年、『ロンドン印象記』、『ロンドン一九二九年』、『子供・子供・子供のモスクワ』を執筆。

ソビエト各地を旅行。社会主義者の片山潜《かたやません》さん（1859年12月26日〜1933年11月5日）に会いました。

同年11月、湯浅さんとともに帰国。

同年12月、日本プロレタリア作家同盟に加盟。

1931年2月、『新しきシベリアを横切る』刊行。

この年、ソビエト紹介20数遍執筆。

同年7月、日本プロレタリア作家同盟常任中央委員に選出されました。

この夏、宮本顕治さんを知ります。

同年10月、日本共産党に入党。

同年11月、日本プロレタリア文化連盟創立と共にその中央協議会委員ならびに婦人協議会責任者、『働く婦人』の編集責任者になります。

1932年、宮本顕治さんと結婚。駒込動坂町268に家を持ちました。

同年4月、百合子さんは文化団体弾圧のため東京の駒込署に検挙されます。

宮本顕治さんは地下活動に入ります。

同年10月末、弟・国男夫妻とともに四谷区東信濃町10に移ります。

1933年、『一連の非プロレタリア的作品』、『一九三二年の春』、『刻々』を執筆。

同年12月、宮本顕治さんが東京の麹町署に検挙されます。

1934年、『小祝の一家』、『鏡餅』、『ツルゲーネフの生き方』、『冬を越す蕾』を執筆。

同年1月、山口県の宮本顕治さんの生家に初めて行き、宮本顕治さんの母をともなって帰京し、宮本顕治さんと面会させます。

同年1月中旬、東京の駒込署に検挙されます。

同年6月13日、母・葭江さん危篤のため釈放。15分後、母死去。

母の死後、弟夫妻とともに生家に移りましたが、11月、淀橋区2の740に転居。

同年12月、東京の市ヶ谷刑務所に送られた宮本顕治さんと1年ぶりに対面します。

同月末、宮本家に入籍します。

1935年、『冬を越す蕾』を刊行します。

『乳房』発表後、東京の淀橋署に検挙されます。

同年10月、東京の市ヶ谷刑務所に入獄します。

1936年、ロシアの作家・マクシム・ゴーリキーさんについての文を多く書きます。

『「或る女」についてのノート』、『鷗外・漱石・藤村など』、『雑踏』を執筆。

同年1月末、父・精一郎さん急死。葬儀のため3日間執行停止になります。

同年2月下旬、予審終結。健康悪化のため保釈出獄します。

同年6月、公判。懲役2年執行猶予4年。

1937年、『乳房』、『昼夜随事』を刊行します。

『猫車』、『山本有三氏の境地』、『海流』、『今日の文学の展望』、『藤村の文学にうつる自然』、『道づれ』、『鷗外・芥川・菊池の歴史小説』、『歴史の落穂』など小説5編、50編を越す評論、感想の執筆と、この年は精力的に仕事をしました。

同年1月、豊島区目白2の3570へ転居します。

同年6月、東京の巣鴨拘置所に移された宮本顕治さんが、夏、盲腸部の結核を患いました。

同年10月15日、獄中の顕治さんから筆名も宮本姓に変えるよう提案され、考えた末数か月後、日中全面戦争開始後に獄中との連帯の意味もこめて宮本顕治さんの誕生日に宮本百合子に筆名を変えました。

1938年1月から翌年春まで執筆禁止。翻訳の下請けなどをします。

同年6月、宮本顕治さんの父が亡くなります。

同年12月、急性盲腸炎のため東京の慶応病院で手術をします。

1939年3月、『その年』を書きましたが、内務省の内閲《ないえつ》で発表ができませんでした。

『杉垣』、『広場』、『おもかげ』を執筆します。

同年4月、宮本顕治さんの弟が出征します。

同年7月、宮本顕治さんの公判が始まりましたが、喀血《かっけつ》したため公判分離されます。

1940年、『明日への精神』、『朝の風』、『三月の第四日曜』刊行。『昔の火事』、『昭和の十四年間』、『三つの「女大学」』など小説4編と50編を越す評論、感想を執筆。

1941年12月9日、アジア太平洋戦争突入の翌日、東京の駒込署に検挙されました。

1942年3月、検事勾留のまま東京の巣鴨拘置所に送られました。

同年7月、熱射病のため昏睡《こんすい》、人事不省のまま執行停止で出獄。3日後、少しずつ意識回復しましたが、視力を失い、言語障害が続きました。

1943年、作品は引き続き発表禁止。

2月はじめて外出します。

宮本顕治さんに面会。検事局の取調べを受けました。

1944年、弟の家族が疎開し、林町の家を百合子さんがあずかります。

同年6月、宮本顕治さんの公判が始まり、12月5日、第一審無期懲役求刑。大審院に上告。

1945年5月、宮本顕治さんの上告は棄却され、6月、網走刑務所に送られました。

宮本百合子さんは、網走で暮らす決意をし、7月、福島県郡山《こおりやま》の弟のところまで行きましたがすでに青函連絡船は不通でした。

宮本顕治さんの弟が広島の原爆で行方不明になります。

8月15日の終戦は郡山で迎えました。

同年9月はじめ、百合子さんは山口県へ行き10月12日に帰京。

治安維持法撤廃で12年ぶりに解放された宮本顕治さんが10月14日、帰京。新日本文学会、婦人民主クラブ創立のために働きました。

1946年、『歌声よ、おこれ』、『播州平野』、『風知草』を発表。『私たちの建設』、『真実に生きた女性たち』を刊行。

日本共産党第5回大会で中央委員候補となりました。

新日本文学会中央委員。婦人民主クラブ、日ソ文化連絡協議会幹事、放送委員会常任委員、出版文化委員会委員（用紙割当委員会）をつとめ、日本著作家組合結成に力をつくします。

宮本百合子さんは小説『播州平野』の「一」で終戦の日の前後の様子を次のように描いています。

一

一九四五年八月十五日の日暮れ、妻の小枝が、古びた柱時計の懸っている茶

の間の台の上に、大家内の夕飯の皿をならべながら、

「父さん、どうしましょう」

ときいた。

「電気、今夜はもういいんじゃないかしら、明るくしても――」

茶の間のその縁側からは、南に遠く安達太郎あだたら連山が見えていた。その日は午後じゅうだまって煙草をふかしながら山ばかり眺めていた行雄が、

「さあ……」

持ち前の決して急がない動作でふり向いた。そして、やや暫く、小枝の顔をじっと見ていたが、

「もうすこしこのまんまにして置いた方が安全じゃないか」

と云った。


「――そうかもしれないわね」

小枝は従順に、そのまま皿を並べつづけた。

台の端に四つになる甥の健吉を坐らせ、早めの御飯をたべさせていたひろ子は、この半分息をひそめたような、驚愕から恢復しきれずにいる弟夫婦の問答を、自分の気持にも通じるところのあるものとしてきいた。

東北のその地方は、数日来最後の炎暑が続いていて、ひどく暑かった。粘土質の庭土は白く乾きあがって深い亀裂が入った。そして毎朝五時すぎというと紺碧の燦《かがや》く空から逆落しのうなりを立てて、大編隊の空襲があった。

前夜も、その前の晩もそうであったように、八月十四日の夜は、十一時すぎると空襲警報が鳴り、午前四時すぎ迄、B29数百機が、幾つもの編隊となって風のない夏の夜空をすきまもなく通過した。おぼつかないラジオの報道は、目標は秋田なるが如しと放送していたが、それを信じて安心しているものは一人もなかった。富井の一家が疎開してきて住んでいる町の軍事施設や停車場が猛烈な空爆をうけたとき、空襲警報のサイレンは、第一回爆撃を蒙って数分してから、やっと鳴った始末であった。

十四日の夜は、行雄とひろ子とがまんじりともしないで番をした。壕に近い側の雨戸は、すっかりくり開け、だまって姉弟が腰かけている縁側のむこうには、おそく出た月の光で、ゆるやかに起伏する耕地がぼんやり見えた。米軍機の通過する合間を見ては、町の警防団が情勢を連呼していた。そのなかに、一つ女の声が交って聞えた。細いとおる喉をいっぱいに張って、ひとこと、ひとこと、「てーきは」と引きのばして連呼する声を聴いていると、ひろ子は悲しさがいっぱいになった。低く靄がこめている藷畑《いもばた》の上をわたって、大きい池のあっちから、その女の声はとぎれとぎれにきこえた。責任感でかすかにふるえているかと思うその中年の女の声は、ひろ子に田舎町のはずれに在る侘しいトタン屋根の棲居《すまい》を思いやらせた。古びた蚊帳の中で汗をかきかき前後不覚に眠ってしまった何人かの子供らの入り乱れた寝相と、一人の婆さまの寝顔とが思いやられた。その家には、たしかに男手が無いのだ。

三人の子供をつれて小枝が横になっている蚊帳をのぞくと、どんなに足音を忍ばせて近づいても必ず小枝は、

「どう？　御苦労さまね」

と、おとなしく、心配にみちた声をかけた。

「父さんもいるの？　今夜は、なんてどっさり来るんでしょう」

いざというとき子供たちを抱え出す足許をやっと照すだけの明りが、用心深くかこわれて、小枝の枕頭に置いてある。蚊帳の青味と隈の濃いその灯かげの陰翳《いんえい》とで、美しい小枝の小鼻は、白い枕被いの上で嶮しくそげて見えるのであった。

最後の編隊が、耕地の表面の土をめくり上げるような轟音をたてて通過した。そのあとは、いくら耳をすましても、もう空は森としていて、ひろ子は急に体じゅうの力がぬけてゆくのを感じた。

「――すんだらしいわね」

もんぺ姿の小枝が蚊帳からにじり出て来て、さもうるさそうに頭をふり、頸のまわりから防空頭巾の紐をといた。行雄は、靴ばきで踏石の上に立ったまま、煙草に火をつけた。行雄は最初の一服を深く、深く、両方の頬ぺたをへこますほど長い息に吸いこんだ。

十五日は、おそめの御飯が終るか終らないうちにサイレンが鳴った。

「小型機だよ！　小型機だよ！」

十二歳の伸一が亢奮《こうふん》した眼色になって、駈けだしながら小さい健吉の頭に頭巾をのせ、壕へつれて入った。三日ばかり前この附近の飛行場と軍事施設とが終日空爆をうけたときも、来たのは小型機の大編隊であった。

「母さん、早くってば！　今のうち、今のうち！」

小枝が病弱な上の女の児を抱いて一番奥に坐り、一家がぎっしりよりよりかたまっている手掘りの壕の上には夏草が繁っていた。健吉が飽きて泣きたい顔になると、ひろ子はその夏草の小さい花を採って丸い手に持たせ、即席のおはなしをきかせるのであった。この日は、三時間あまりで十一時半になると、急にぴたりと静かになった。

「変だねえ。ほんとにもういないよ」

望遠鏡をもって、壕のてっぺんからあっちこっちの空を眺めながら、伸一がけげんそうに大声を出した。きのうまでは小型機が来たとなったらいつも西日が傾くまで、くりかえし、くりかえし襲撃されていたのであった。

「珍しいこともあるものねえ」

「昼飯でもたべにかえったんだろう。どうせ又来るさ」

そんなことを云いながら、それでも軽いこころもちになって、ぞろぞろ壕を出た。そして、みんな茶の間へ戻って来た。

「御飯、どうなさる？　放送をきいてからにしましょうか」

きょう、正午に重大放送があるから必ず聴くように、と予告されていたのであった。

「それでいいだろう、けさおそかったから。——姉さん、平気かい？」

「わたしは大丈夫だわ」

伸一が、柱時計を見てラジオのスイッチ係りになった。やがて録音された天皇の声が伝えられて来た。電圧が下っていて、気力に乏しい、文句の難しいその音声は、いかにも聴きとりにくかった。伸一は、天皇というものの声が珍しくて、よく聴こうとしきりに調節した。一番調子のいいところで、やっと文句がわかる程度である。健吉も、小枝の膝に腰かけておとなしく瞬《まばた》きしている。段々進んで「ポツダム宣言を受諾せざるを得ず」という意味の文句がかすかに聞えた。ひろ子は思わず、縁側よりに居た場所から、ラジオのそばまで、にじりよって行った。耳を圧しつけるようにして聴いた。まわりくどい、すぐに分らないような形式を選んで表現されているが、これは無条件降伏の宣言である。天皇の声が絶えるとすぐ、ひろ子は、

「わかった?」と、弟夫婦を顧みた。

「無条件降伏よ」

続けて、内閣告諭というのが放送された。そして、それも終った。一人としてものを云うものがない。ややあって一言、行雄があきれはてたように呻いた。

「――おそれいったもんだ」

そのときになってひろ子は、周囲の寂寞《せきばく》におどろいた。大気は八月の真昼の炎暑に燃え、耕地も山も無限の熱気につつまれている。が、村じゅうは、物音一つしなかった。寂《せき》として声なし。全身に、ひろ子はそれを感じた。八月十五

日の正午から午後一時まで、日本じゅうが、森閑として声をのんでいる間に、歴史はその巨大な頁を音なくめくったのであった。東北の小さい田舎町までも、暑さとともに凝固させた深い沈黙は、これ迄ひろ子個人の生活にも苦しかったひどい歴史の悶絶の瞬間でなくて、何であったろう。ひろ子は、身内が顫《ふる》えるようになって来るのを制しかねた。

健吉を抱いたまま小枝が縁側に出て、そっと涙を拭いた。云いつくせない安堵と気落ちとが、夜の間も脱ぐことのなかった、主婦らしいそのもんぺのうしろ姿にあらわれている。

伸一が、日やけした頬をいくらか総毛立たせた顔つきで、父親の方からひろ子へと視線をうつした。

「おばちゃん、戦争がすんだの?」

「すんだよ」

「日本が敗けたの?」

「ああ。敗けた」

「無条件降伏？　ほんと？」

少年の清潔なおもてに、そのことは我が身にもかかわる屈辱と感じる表情がみなぎっているのを見ると、ひろ子はいじらしさと同時に、漠然としたおそれを感じた。伸一は正直に信じていたのだ、日本が勝つものだと。――しばらく考えていてひろ子は甥にゆっくりと云った。

「伸ちゃん、今日までね、学校でもどこでも、日本は勝つとばかりおそわったろう？　おばちゃんは、随分話したいときがあったけれど、伸ちゃんは小さいから、学校できかされることと、うちできくことと、余り反対だと、どっちが本当かと思って困るだろうと思ったのさ。だから黙っていたのよ」

戦争の十四年間、行雄の一家は、初から終りまで、惨禍のふちをそーっと廻って、最小限の打撃でさけとおして来ていた。主人の行雄が、本人にとっては何の不自由もない些細な身体上の欠点から兵役免除になっていた。それが、そういう生活のやれた決定的な理由であった。所謂《いわゆる》平和建設の建築技師である行雄は経済封鎖にあっていた。手元も詰りながら、一般のインフレーションの余波で何とか融通がついて、一年半ほど前から祖父が晩年を送ったその田舎の家へ一家で疎開暮しをはじめたのだった。

戦争中、新聞の報道や大本営発表に、ひろ子が、疑問を感じる折はよくあったし、野蛮だと思ったり、悲惨に耐えがたく思ったりすることがあった。ひろ子の気質で、そのままを口に出した。行雄は、それもそうだねえと煙草をふかしている場合もあったし、時には、姉さんは何でも物を深刻にみすぎるよ。僕たちみたいのものは、結局どうする力もないんだから、聞かされるとおり黙って聞いていりゃいいんだ。そう云って、眼のうちに暗い険しい色をうかべる時もあった。戦争が進むにつれて、行雄の気分はその面がつよくなった。行雄のそういう気持からすれば、息子がきかされる話についても神経の配られるのを感じて、ひろ子はたくさんの云いたいことを黙って暮して来たのであった。

十五日は、そのままひるから夕方になり、やがて夜になっても、村じゅうの麻痺した静けさは変らなかった。

翌日、ひろ子は余り久しぶりで、却って身に添いかねる平和な明るさの中でもんぺをぬぎ、網走の刑務所にやられている良人の重吉へ、たよりを書きはじめた。ひろ子が小娘で、まだ祖母が生きていた時分、祖父の遺愛の机として、赤銅の水滴だの支那焼の硯屏《けんびょう》だのが、きちんと飾られていたその机の上には、今ここで生活している若い親子たちの賑やかでとりまとまりのない日々を反映して、伸一の空襲休暇中の学習予定の下手なプリントや、健吉が忘れて行ってしまった玉蜀黍《とうもろこし》の噛りかけなどがころがっている。

ひろ子は、少し書いては手を止めて、考えこんだ。網走の高い小さい窓の中で、重吉は、きっともう戦争の終ったことを知っているだろう。十二年の間、獄中に暮しつづけて来た重吉。六月に、東京からそちらへゆく前、面会所の切り窓から「まあ半年か、長くて十ヵ月の疎開だね」と云って笑った重吉。その重吉こそ、どんな心で、このニュースをきいたであろう。ひろ子は、こみ上げて来る声なきかちどきで息苦しいばかりだった。

この歳月の間に、ひろ子は検閲のある手紙ばかり千通あまりも書いて来た。いつか変通自在な表現と、お互のわかりあいが出来て、自然の様々な景観の物語などのうちにも、夫と妻との微妙なゆきかいがこめられるようになっているのだった。手紙をかき出して、ひろ子は、いつか習得させられた自分の気の毒なその技術を、邪魔なばかりに感じた。ひろ子は、はっきり、それこその手紙の眼目としてききたいことがあった。たった一行それだけ書けばいいということがあった。しかし、まだ、それは書けまい。いつお帰りになるでしょう。書きたい言葉はその一行である。ほんとに、重吉はいつ帰れるだろうか。

この十四年ほどの間に、日本の治安維持法は、ナチスの予防拘禁所のシステムまで輸入して、息つくすきも与えないものとなって来た。狭い日本に張りつめたこの重石《おもし》は、先頃発表されたポツダム会議の決定によれば、直ちにとりのぞかれ、粉砕されるべきものとして示されている。支配者たちは、自分たちのこんな敗北さえも、野良や工場に働く人々には、すぐのみこめないような云いまわしであらわした。そこには、何処かで、出来る丈握っている縄の端を手離すまいと腐心している陰険さがうかがわれるのであった。治安維持法を、どういうやりかたで、どんな範囲で、彼等は処理しようとするのだろうか。

ひろ子の書く手を止めるのは、この点について、経験した者でなくては想像しにくい程の苦しい不安と警戒とであった。一言、うれしい、という率直な表現をもつことさえも、重吉への手紙の中では安心できなかった。妻であるひろ子の、打ちひろげすぎた感情が、生きるために最小限の条件を確保するためにさえ、根づよく闘わなければならない重吉の体に、見えないところでできめんな意地わるい仕打ちとして返されて行くようなことがあってはならない。こうして綴る一行一行のうちには、身もだえのように、脈搏つ心のうねりがある。いがぐり頭になって、煉瓦色の獄衣を着て、それでも歴史の前途はいとど明るし、という眼色でいる重吉は、このうねる熱さを彼の掌のなかにうけとった時、自分たち二人が時間と距離とにへだてられつつ、結ばれて生きて来た年月を何と顧るだろう。にわかに急な斜面が展《ひら》けたような今日の感動を、重吉もぐっと、その胸でこたえている。それが、まざまざと感じとられるのであった。

ひろ子が机に向っている障子の外は、つい一昨晩まで、夜じゅう恐怖のうちに開け放されていた縁側である。いくつもの風呂敷包。リュックサック。食糧を入れた石油カン。そういうものが、まだほっぽり出されたまんま、そこにあった。雨戸が一二枚ひき残されていて、その節穴から一筋矢のように暑い日光が薄暗がりに射し込んでいる。亀の子に細引をかけた小型の行李が、丁度その光の矢を浴びている。

自分も重吉のいる網走へ行って暮そう。文筆上の自由職業をもっているひろ子が、そう決心したのは七月下旬のことだった。何も知らずに、巣鴨宛に書いた重吉への手紙が、網走へ本人を送致したからという役所の附箋つきで戻されて来た。粗末な紙片に、にじむインクで書かれた網走という文字を見たとき、ひろ子は、自分の生きて来た張合が、すーと、遠くへ引き離された感じがした。網走というところは、名前ばかりで知っている。そこへやられた重吉と自分との間には、狭い日本の中ながら幾山河が在る。空襲が益々苛烈になり、上陸戦の噂もあったその頃の事情で、この幾山河は、場合によっては、二人の間が何年間か全く遮断されるかもしれないという心配をもたらした。

ひろ子は、そこで暮していた東京の弟の留守宅の始末を全速力で片づけて、ともかく東北のこの町へ来た。そして、小一里ある停車場や交通公社へ行って津軽海峡を渡る切符が買えるのを待ちながら、旅の仕度をした。

ひろ子のいるところでさえ八月になれば、山々の色が変化した。網走には、もう秋の霧が来ているだろう。オホーツク海からの吹雪が道を塞ぐ前に、せめて北海道まで渡りたい。ひろ子は寒いところでの暮しに役立ちそうな物を選んでは、夏の西日の下で小さい行李につめた。知り合いというようなものもいないそこで、どんな生活が出来るのか見当もつかなかった。保護観察所の役人は、くりかえし、ひろ子が行った先で人と交際することを禁じた。もうその頃、海を渡る旅行は体一つでさえ困難になっていた。道具めいた何一つも持っては行けない。それでも、棲むところは網走ひとつに思いきめて、ひろ子は青森が空襲をうける度に、あら、またよ、と歎息した。青森市は焼かれ、連絡船の大半が駄目になったのであった。

切符が手に入れば、明日にもそちらへ行くと書いた手紙を封筒に入れながら、ひろ子は、ほんとに、この行李が海をこえるのかしらと思った。東京の親切な知人が、つてのない網走へゆくときめたひろ子を思いやって、すこし離れた都会にいる或る人に、紹介をたのんでくれた。待ちかねるほどたって返事が来た。ハガキにせわしい字で、当地も昨今は空襲を蒙るようになった。知人も疎開したり死亡したりしていて御希望に添うような便宜は得にくい、御主人によくお話になり、御渡道はお見合わせになるが然るべく、という意味が書かれていた。「御主人によくお話になり」——云いつけで、ひろ子が遠いところへ行きでもするように。——懇篤な紳士と云われる人が、身に迫った戦禍に脅えて、浅く迅く視線を動かして身辺を視ている落付かないさまが、ハガキの面に溢れていた。またそこには、一人の女としてひろ子が体にからめて運んでいる面倒な事情も、おのずから影響していると思えた。

実の弟の家へ逗留しているというだけなのに、町の特高は、同じ頃そこへ用向で訪ねて来た客たちの関係までを、訊きただしした。駐在は親切で、お客があるときも、その名と年とを書き出してくれさえすれば、すぐ応急米を渡すから、と小枝に云った。小枝はよろこんでそのとおりにした。特高が来て、どうして知っているかと思うようなつまらない名をいうとき、それはみんな、米とつながる姓名なのであった。どうでしょう！　小枝は、眉をもち上げて首をすくめた。

それらのあれこれに拘らず、ひろ子は網走へゆこうとしているのだった。封筒につかう糊をとりに立ってゆくと、茶の間に、きき馴れない男の声がした。もう大分酔いのまわった高声で、

「はア、どうも、こういう超非常時でもねえと、思い切ってこちらさアは来にくくてね」

行雄が、それに対して、おだやかに応答している。

「何しろ、もうこうなっちゃあ、酒でも飲むほッか、手はねえです。馬鹿馬鹿しいちゃ、話にもなんねえ。いかがです一杯――わしらの酒でも、はあ満更馬鹿にしたもんじゃない、純綿でやすって――ね、旦那、一杯。つき合いちゅうもんだ」

ひろ子は、下駄をはいて、杏《あんず》の樹の陰から台所へまわった。小枝が、一方に

柴木を積み上げた土間に蹲《かが》んで、茶の間のやりとりに耳を傾けながら馬鈴薯の皮をむいていた。

「お客？」

こっくりして、小枝が困ったという表情をした。

「だれ？」

「与田の音さん」

町の、統制会社へ出ている男であった。

ひろ子は、小さい健吉をつれて、往還の角にある郵便局へ手紙を出しに行った。いかにも明治になっての開墾村から町に変った土地らしく、だだっぴろい街道に、きのうまでは軍用トラックとオートバイが疾走しつづけていた。きょうは、そういうものはもう一つも通らない。街道は白っぽく、埃りをため、森閑として人気なく、おしつぶされたように低い家と家との間にある胡瓜《きゅうり》畑や南瓜《かぼちゃ》畑の彼方に遠く、三春の山が眺められた。

草道をかえって来ると、茂った杉の木かげの門から、音さんの腕に肩をからまれながら出てゆく行雄のワイシャツ姿が見えた。

十五日から、ラジオは全国の娯楽放送を中止した。武装解除について、陸海軍人に対する告諭、予科練、各地在郷軍人に与うる訓諭、そういう放送が夜昼くりかえされた。その間に、広島と長崎とを犠牲にした原子爆弾の災害の烈しさと、そのおそろしい威力とについての解説がきこえた。銀行のとりつけを防ぐため、経済は安定であると告げる放送。食糧事情について安心せよという農林大臣の放送。これからは平和日本、文化国日本を再建せよと命じる文部大臣。ラジオが途切れる間の沈黙にも耐えないという風で、次から次へ、諭告は、ひろ子達のいる田舎の町に鳴りつづけた。どの家でも熱心に、ラジオをかけっぱなしにして聴いていた。が、聴いているそれらの顔に滲んでいるのは、云いあらわすに術のない一種の深いあてどなさと疑惑であった。今日までこれ程の思いをさせて、勝つ勝つとひっぱって来た縄を、ぷっつり切って、力の反動でうしろへひっくり返るということさえもないかのように、別な紐をつき出してさあこんどはこれを握れと云われても、人々はどういう心持がするだろう。

半年ぶりで富井の家の電燈も煌々《こうこう》とついて、昔ながらのすすけた太い柱や板の間をくまなく輝かせるようになった。台所の天井に届く板戸棚の前に、大きくて丸い漬物石がいつの間にか転がっていたのが、ひょっこり目について皆を笑わせたりした。馴れない明るさは、テニス・シャツをブラウス代りに着ているひろ子に、自分の体の輪郭までをくっきり際立って感じさせた。井戸端の電燈がついたので、いつ廊下を通っても閉った雨戸のガラスから、荒れた花壇のある深夜の庭が、はっきり見えた。久しぶりの明るさは、わが家の在り古した隅々を目新しく生き返らせたが、同時に、その明るさは、幾百万の家々で、もう決して還って来ることのない一員が在ることを、どんなにくっきりと、炉ばたの座に照らし出したことだろう。強い光がパッと板の間を走ったとき、ひろ子はよろこびとともにそのことを思いやって鋭い悲哀を感じた。

夜の明るさが、政府放送のたよりなさと拙劣さとを、ひとしおしみじみと感じさせるような雰囲気のうちに鈴木貫太郎内閣が退陣した。そして東久邇の内閣が代った。

1947年、『二つの庭』を完結し『道標』を執筆。

『播州平野』、『風知草』が毎日出版文化賞を受けました。

『歌声よおこれ』、『幸福について』、『新しい婦人と生活』その他あわせて11冊を刊行。

『道標』を執筆。

夏、過労のため身体をこわして千葉県長者町で静養します。

1948年、『道標』第1部、『女靴の跡』、『女性の歴史』、『婦人と文学』その他あわせて11冊を刊行。『道標』を書き続けながら反戦平和論陣をはりました。

同年12月25日、新日本文学会の文芸講演会で「平和運動と文学者」を講演。

その後、医師から臥床、安静、面会の制限を課せられます。

1949年、『道標』第2部、『平和のまもり』、『文芸評論集』その他あわせて11冊を刊行。

『道標』を執筆。

同年６月から第２部を書き継ぎます。

自宅療養をしながら平和への発言を強めます。

１９５０年、『十二年の手紙』その１、他あわせて６冊刊行。

同年３月、宮本顕治さんが九州に長期出張。

同年６月、日本共産党中央委員会に対しての占領軍の公職追放令。

同年10月、『道標』の第３部が完結します。

同年12月８日、東京大学戦没学生記念の集会に出席し講演。

１９５１年１月21日、電撃性脳膜炎菌敗血症《でんげきせいのうまくえんきんはいけつしょう》によって死去。51歳でした。

没後、『日本の青春』、『平和をわれらに』、『道標』第３部、『十二年の手紙』その２刊行。

１９５３年１月、『宮本百合子全集全15巻』（河出書房）完結。

百合子さんの死後、顕治さんは混乱を収拾して勢力を回復した日本共産党の書記長となり、百合子さんはその妻として、またプロレタリア文学の第一人者として、さらに高い評価を与えられるようになりました。

没後50年の２００１年からは新日本出版社から『宮本百合子全集』の刊行が始まり、２００４年に全33巻として完結されました。

この全集への推薦のことばには加藤周一さんに加え刊行当時の日本共産党議長の不破哲三さんや、かつて日本共産党員だった辻井喬さん（堤清二さん）も名を連ねています。

宮本百合子さん、顕治さんの著書

『貧しき人々の群』（１９１６年。玄文社。１９１７年　のち岩波文庫、角川文庫、新日本文庫）。

『一つの芽生』（１９１８年。新潮社）。

『伸子』（１９２４年。改造社。１９２８年8　のち新潮文庫、角川文庫、岩波文庫、講談社文庫、新日本文庫、旺文社文庫）。

『新しきシベリアを横切る』（１９３１年。内外社）。

『一九三二年の春』（１９３２年。のち新日本文庫）。

『冬を越す蕾』（１９３５年。現代文化社）。

『乳房』（１９３５年。竹村書房。１９３７年　のち青木文庫）。

『昼夜随筆』（１９３７年。白揚社）。

『杉垣』（１９３９年）。

『三月の第四日曜』（１９４０年。金星堂。１９４０年　のち新日本文庫）。

『明日への精神』（１９４０年。実業之日本社）。

『朝の風』（１９４０年。河出書房）。

『文学の進路』（１９４１年。高山書院）。

『私たちの生活』（１９４１年。協力出版社）。

『播州平野』（１９４６年。河出書房。１９４７年　のち新潮文庫、角川文庫、新日本文庫）。

『風知草』（１９４６年。文藝春秋新社。１９４７年　のち新潮文庫、角川文庫、新日本文庫）。

『二つの庭』（１９４７年。中央公論社。１９４８年　のち新潮文庫、岩波文庫、角川文庫、新日本文庫）。

『私たちの建設』（１９４７年。実業之日本社）。

『幸福について』（１９４７年 雄鶏新書。のち角川文庫）。

『真実に生きた女性達』（１９４７年。創生社）。

『白い蚊帳』（１９４８年。新興芸術社）。

『歌声よおこれ』（１９４８年。解放社。１９４８年 のち新日本文庫）。

『女靴の跡 随筆集』（１９４８年。高島屋出版部）。

『道標　第１―３部』（１９４８年―１９５１年。筑摩書房。のち新潮文庫、岩波文庫、角川文庫、新日本文庫）。

『宮本百合子選集 全15巻』（１９４８年―１９４９年）。

『作家と作品 評論集』（１９４８年。山根書店）。

『婦人と文学 近代日本の婦人作家』（１９４８年。実業之日本社。のち新日本文庫）。

『平和のまもり』（１９４９年。新日本文学会）。

『文芸評論集』（１９４９年。近代思想社）。

『モスクワ印象記』（１９４９年。東京民報出版社）。

『宮本百合子文庫　全6巻』（１９４９年—１９５１年。岩崎書店）。

『女性の歴史　文学にそって』（１９４９年。婦人民主クラブ出版部）。

宮本顕治さんの共著『十二年の手紙　その１—３』（１９５０年—１９５２年。筑摩書房。のち青木文庫、文春文庫、新日本文庫）。

『日本の青春』（１９５１年。春潮社）。

『若い女性のために』（１９５１年。河出書房）。

『宮本百合子全集　全15巻』（１９５１年—１９５３年。河出書房）。

『宮本百合子評論選集　全４冊』（１９６４年—１９６５年。新日本出版社）。

『「伸子」時代の日記』（１９７６年。多喜二・百合子研究会）。

『百合子の手紙』（１９７８年3月。筑摩書房。湯浅芳子さんあてを編集）。

『宮本百合子全集　全25巻＋別巻2補巻2補遺1』（１９７９年—１９８１年・１９８６年。新日本出版社）。

『宮本百合子全集 全33巻＋別冊』（２００1年―２００４年。新日本出版社）。

『宮本顕治　獄中からの手紙―百合子への十二年　上巻』（２００２年10月１日。新日本出版社）。

『宮本顕治　獄中からの手紙―百合子への十二年　下巻』（２００２年10月１日。新日本出版社）。

黒澤亜里子さん編著『宮本百合子と湯浅芳子 往復書簡』（２００８年3月。翰林書房）。

『宮本顕治著作集　第1巻　１９２９年～３３年』（２０１２年7月15日。新日本出版社）。

参考資料

『写真集　宮本百合子――文学とその生涯』（１９７６年1月20日。新日本出版社）。

『いまに生きる宮本百合子』（２００４年。新日本出版社）。

広井暢子さん著「時代を切り拓いてきた女性たちのバトンを引き継ぎ民主主義と自由の未来へ、ともに歩みを」＝治安維持法犠牲者国家賠償同盟編『治安維持法と現在』（２０２０年1月末）。

松田解子さん

松田解子《まつだときこ》さん（本名・大沼ハナさん。１９０５年7月18日、秋田県仙北郡荒川村荒川４３７番地─荒川鉱山、今の大仙市に生まれました。２００４年12月26日死去）は、父・松田萬次郎さん、母・スヱさんの長女として出生します。

兄・萬寿さんは１９０２年5月生まれ。

１９０６年5月、父・萬次郎さんは鉱山での労働中に死去しました。

１９０７年、２歳。母は鉱山に残るため6人の子持ちの坑夫と再婚しましたが間もなく死別します。

兄を祖父母の家に残し飯場頭で精煉所勤務の高橋喜市と結婚します。

１９０９年、ポーツマス条約が成り、日露戦争が終結します。

１９２０年3月、小学校高等科を卒業します。

日本赤十字病院の看護婦見習試験に合格しますが、鉱山事務所の命でタイプライター要員として勤務、働きつつ大学講義録などで独学。

１９２３年４月、秋田女子師範本科第二部入学。社会科学の勉強会に入ります。

同年９月、関東大震災が起こります。

兄は徴兵忌避で台湾に渡ります。

１９２４年３月、秋田女子師範卒業。

同年４月、母校の小学校に赴任。

同年８月、荒川鉱山を訪れた伊藤永之介さんを嗽沢坑に案内。

１９２６年３月、上京します。

大杉栄さんの労働運動社を訪ね、古河三樹松さんから東京自由労働組合の大沼渉さんを紹介されます。

同年４月、日本労働組合評議会第２回大会を傍聴します。

同年５月、初めてメーデー（第７回）に参加。

同年12月、労働運動家の大沼渉さんと結婚します。

東京の荒川区平井に住みます。

以後、江東地域を転々とします。

結婚7日目に大正天皇「崩御」で家宅捜査を受け、夫が検挙されます。

1927年5月、第1次山東出兵。

師走に長男・鉄郎さんを出産します。

大沼さんは「職よこせ」のビラ配付中に逮捕、東京の原庭署に拘留中でした。

1928年3月15日、日本共産党への大弾圧。

同月17日の家宅捜査で『共産党宣言』書写ノートを発見され、長男とともに東京の小松川署に検挙。

同年4月、詩「乳房」、小説『逃げた娘』を投稿発表します。

同年6月、小説『産む』が読売新聞募集に入選します。

『戦旗』(5月創刊)、『女人芸術』(7月創刊)などに、詩「坑内の娘」、「母よ」、評論『おかみさんと「済南」』など、執筆活動を開始します。

同年10月から服部時計店の重役の家で乳母をします。

1929年1月、伊豆大島の差木地尋常高等小学校の代用教員。

同年2月、日本プロレタリア作家同盟に加盟します。

同年7月、『小林多喜二氏へ』。

同年8月、『乳を売る』。

同年10月、『女人芸術』募集の「全女性進出行進曲」に2等入選、翌年、山田耕筰さん作曲でコロムビアレコードから発売されます。

師走に帰京。

1930年から本格的に執筆活動を開始します。

同年3月、小林多喜二さん上京歓迎会に参加します。

同年10月、二男・作人さんを出産。

1931年6月、無産者産児制限同盟の創立大会で発起人に。

同年9月、大日本帝国軍隊が満州事変で中国東北部への侵略開始。

1932年1月、上海事変勃発。3月、政府は傀儡《かいらい》政権・満州国建国を宣言。

同年4月、日本プロレタリア作家同盟第5回大会記念『プロレタリア文学』4月臨増号に「ある戦線」。

夏、横浜で江口渙さん、大宅壮一さん、小林多喜二さんとともに講演。
1933年1月、岩田義道さんの虐殺に、詩「デスマスクに添えて」。
同年2月、関淑子さんの検挙に詩「うばわれたひとへ」。
同月20日、小林多喜二さんが虐殺されます。
翌日、江口渙さんの電報で弔問、二男ぐるみ東京の杉並警察署へ連行されます。
同年5月、深川木場労働者の文学サークルの件で東京の洲崎《すさき》警察署に検挙。
松竹の水の江滝子さんらのストライキを支援します。
同年10月、長編『女性苦』。
1934年2月、日本プロレタリア作家同盟解散。
同年4月、豊島区長崎東町11の326へ転居します。
同年6月、『文学評論』を創刊。
『大鋸屑』に51か所・828字削除弾圧。
同年10月、『婦人文藝』発刊記念講演会で講師。
この年、島崎藤村さんの門下生・吉田誠子さん宅で密かに「国家と革命」の研究会。

1935年12月、詩集『辛抱づよい者へ』。

同月、江口渙さんらとプロレタリア作家の横断組織・独立作家倶楽部を創設。

この年、豊島区長崎東町1の878に転居。

1936年、国際婦人デーを吉田誠子さん宅で極秘に開催します。

1937年1月、尾去沢事件のルポ「一千の生霊を呑む死の硫化泥を行く」、「尾去沢事件現地報告」。

同年7月、盧溝橋事件（1937年7月7日）を皮切りに中国への全面的な侵略戦争開始。同年10月、長編『女性線』。

1938年6月、短編集『愚かしい饗宴』。

同年9月、長編『さすらいの森』・評論集『女の話題』。

同年11月、短編・随想集『花の思索』。

1941年2月、短編集『師の影』。同年5月、長編『女の見た夢』。

同年12月8日、第二次世界大戦が始まります。

札幌の大沼さんが予防拘禁逮捕され、釈放運動と生活再建にとりかかります。
１９４２年６月、長編『海の情熱』。同年９月、短編集『朝の霧』。
１９４３年、夫、子どもと共に中野区江古田４の１５３１に転居。
秋、満州各地に開拓団、兵士の慰問旅行。
１９４４年３月、長編『農女の記』。
１９４５年５月、新潟滞在中に25日の空襲で東京の中野区の家屋を焼失。
翌日、近くの江古田に引越します。
8月15日、敗戦。
同年9月、第3子・史子を出産します。
同年12月、『秋晴れ』を1か月連載します。
地域の婦人たちと食糧確保の闘いを開始、国会へ陳情。
年末誕生の新日本文学会に加入します。
１９４６年２月、日本共産党に入党します。
同年５月、皇居前の食糧メーデー。

同年11月、『新民法と男女平等論』など。

1947年、42歳。

同年4月5日投票の秋田県知事選挙候補の鈴木清さんを坂井徳三さんとともに応援。

25日投票の第23回総選挙に秋田2区から日本共産党公認・大沼ハナ名で立候補。

1948年12月、前年中止させられた二・一ゼネストの共闘会議議長・伊井弥四郎さんが占領軍政令違反の容疑で逮捕・投獄、伊井さんの家族、有志らと釈放運動、以後生涯にわたる救援運動を続けます。

1949年7月15日、三鷹事件、8月17日、松川事件発生。

同年9月、『婦人評論』に「世界の婦人とともに―国際民主婦人連盟へ」。

1950年1月、『コミンフォルム』に「日本の情勢について」を発表。スターリンの武装闘争押しつけの干渉に日本共産党中央の一部の幹部が同調して、それに反対する幹部を排除、日本共産党は分裂へ。

秋田・花岡での中国人虐使・死事件を華僑民報、アカハタで知ります。

同年2月、「三鷹事件の公判を傍聴して」。

同年6月、アメリカの日本占領軍のマッカーサー、日本共産党中央委員24人、アカハタ編集委員17人の追放を指令します。

25日、朝鮮戦争勃発。アカハタの1か月間停刊。

同年7月、朝鮮戦争反対・全面講和を求めるハンガーストライキが新宿職安で行われ、詩「七月の記録」。

同年8月、全日本金属鉱山労働組合連合会大会を傍聴、花岡労組代表2人から自宅で聞き取り。

同年9月、花岡鉱山を訪れ22人が埋められた堂屋敷坑内見学。

同年11月、東京の浅草本願寺での花岡事件の英霊慰霊祭に参列。

1951年9月、サンフランシスコ講和条約調印とともに、日米安保条約締結。

花岡事件を題材に『地底の人々』を『人民文学』に連載。

同年10月、宮城拘置所で松川事件被告19人に面会、文集発行の相談、激励。11月、被告らの手記集『真実は壁を透して』刊行、広津和郎さんら文学者の支援を引き出します。

1952年1月、白鳥事件、5月、メーデー事件発生、ともに救援運動に。

同年9月、メーデー事件第1回公判を傍聴。

1953年2月、「中国人俘虜殉難者慰霊実行委員会」結成、中央常任理事に。

同年3月、『地底の人々』。6月、詩「朝鮮休戦」。7月、花岡事件被害者遺骨の第1次送還、黒潮丸で神戸港を出航。天津で各界代表2000人参加の追悼大会開催。14日、帰国。以後、東京、秋田県下8か所で遺骨送還の経過を報告行脚します。

同年12月、松川第2審で17人有罪。

1954年、49歳に。

同年3月1日、アメリカがビキニ環礁で水爆実験、第5福竜丸乗員被爆、詩「死の灰」。

同年5月から『おりん口伝』執筆のための創作ノートを取りはじめます。

日本国民救援会支部を創立します。

1955年6月、第1回日本母親大会に参加します。

1956年5月、童話『マリ子とミケ』を高知新聞その他に発表します。以後1960年までに童話20数編を各紙に発表します。

1960年、安保条約改定阻止の運動高揚。6月の第1次ストには560万人参加。

同年1月、日本国民救援会中野北部支部機関紙『救援だより』の発行を開始します。

同年3月、安保を題材に詩「生かすハンコと殺すハンコ」、中国『人民日報』に訳載。

同年4月、安保反対の統一行動を描く詩「列」・「六・二二」、中国『世界文学』7月号に訳載。

同年7月17日、中国人民救済総会の招きで香港、広東、北京、大連、上海などを歴訪、8月28日帰国。

1961年1月、白鳥事件で宮城県大通拘置所の村上国治さんに面会。小樽の小林多喜二さんの母・セキさんを訪問。

同年4月、花岡で新発見の遺骨の調査団を結成、団長に。

同年5月、詩集『列』。

1963年1月、『詩人会議』が創刊されます。

同年9月、最高裁で松川事件全員無罪の判決が確定します。

同年11月、東京・九段会館での「慰霊事業十周年　中国人俘虜殉難者中央慰霊祭中国紅十字会代表団歓迎会」で、詩「中国人俘虜殉難者烈士の霊に」を「ぶどうの会」の山本安英さんが代読。

1965年8月、日本民主主義文学同盟創立大会が開かれ幹事に。

同年9月、アメリカ帝国主義のベトナム侵略と日韓条約反対大集会参加。

同年12月、『民主文学』が創刊します。

1966年1~2月、『おりん口伝』を連載します。

同年5月、花岡に日中不再戦友好碑を建設、「日中不再戦友好碑の前に」を献詩。

同年6月、松川事件国家賠償請求裁判の公判で証人に。

1968年4月、『おりん口伝』の第8回田村俊子賞の授賞式に出席。

同年5月、東京芸術座第22回公演「おりん口伝」上演、ベトナム日本友好協会代表団が観劇します。

同年6月、『続おりん口伝』。

同年9月、関西芸術座「おりん口伝」上演。

1969年2月、『おりん口伝』(正・続)で第1回多喜二・百合子賞。

1970年8月、松川事件国家賠償請求裁判で勝訴。

1971年、「日中不再戦友好碑をまもる会」発足、顧問に。

1972年1月、短編集『乳を売る』。6月、『地底の人々』改訂版。12月、詩集『坑内の娘』。

1973年9月、ルポ集『疼く戦後』。10月、短編集『またあらぬ日々に』。

1974年11月、長編『おりん母子伝』。

1976年1月、民社党・春日一幸委員長が戦前の治安維持法等被告事件に関わる反共・違憲発言、直ちに赤旗に抗議の談話、『文化評論』、『民主文学』などに論陣を張ります。

1977年7月、長編『桃割れのタイピスト』。

1978年、東京電力思想差別撤廃闘争を支援する会第2回総会、17人の代表委員の1人に。

1979年4月、自伝『回想の森』を出版します。

同年10月、『おりん口伝』文学碑除幕式に200人参加。

1981年2月、NHK教育テレビ〈わたしの自叙伝〉で「はるかな銅山」放映。

同年4月、5月、東電闘争題材の長編『あなたの中のさくらたち（上下）』。

同年10月、北炭夕張新鉱でガス爆発事故発生。翌年、支援に駆けつけます。

1984年7月、韓国・アメリカ米輸入反対闘争を機に茨城県西部農村入り、横浜海上デモに参加。

同年8月、赤旗モスクワ特派員だった二男・作人さんとソ連を約3週間訪問。

1985年7月、短編集『山桜のうた』。8月、詩集『松田解子全詩集』。10月、新著出版と傘寿を祝う会。

同年10月、日本橋図書館開館記念展「長谷川時雨の仕事展」の座談会で望月百合子さん、平林英子さんと。

同年11月、「国家機密法案について」。マスコミ文化・共闘主催の国家機密法反対集会で挨拶。

失対事業改悪反対で、婦団連会長・櫛田ふきさん、新日本婦人の会会長・石井あや子さんと労働省交渉。

1987年6月6日、ルポ『土に聴く』。7月、詩話集『足の詩—詩話十編』。8月、第23回日本母親大会で講演。

1988年2月、小林多喜二没後55周年記念の夕べで講演。

同年6月、全国じん肺裁判闘争支援、随想集『生きることと文学と』。

同年10月、夫・大沼渉さん死去。

1989年1月7日、昭和天皇死去、「昭和終焉、一実作者の感想」。

同年9月、戦前短編集『松田解子短篇集』。

1991年、治安維持法国家賠償要求同盟第23回大会で中央本部顧問に。

1992年12月、長編『あすを孕むおんなたち』。

1994年2月、長崎じん肺訴訟最高裁判決日、日鉄鉱業本社前集会に参加。同年6月、三菱細倉じん肺闘争提訴2周年記念集会で講演。石川島播磨争議団を勝たせる会第6回総会で講演。同年10月、日本橋図書館開館記念展「長谷川時雨の仕事展」の座談会、望月百合子さん、平林英子さんと。

1995年7月、詩集『辛抱づよい者へ』復刻版。9月、随想集『歩きつづけて、いまも』、『女性線』復刻版。10月、卒寿を祝う会で230人参加。12月、東電思想差別撤廃闘争が19年ぶりに解決。

1996年8月、東京の上野東照宮に原爆の火を灯す会の「第12回歴史の教訓を語る会」で講演。

同年10月、座談会「女人芸術のころ」（望月百合子さん、平林英子さん）。翌日、大館市獅子ヶ森に建立の小林多喜二文学碑除幕式に参加、午後、除幕式祝賀会で講演。

同年11月、下町人間庶民文化賞を受賞。

1997年3月、『子供とともに』復刻版。

1999年6月、「出会いの時—島崎こま子さんのこと」。

同年8月、松川事件50周年全国集会に参加。12月、新ガイドライン反対集会参加。

2000年3月、国際婦人デー「2000年世界女性行進」の行進と集会に参加。

『婦民新聞』1000号記念集会で講演。

同年5月、「五月のばらコンサート」で「全女性進出行進曲」披露。

同年8月、自伝『女人回想』。

同年9月、望月百合子さんの100歳を祝う会に出席。

2001年1月、母校跡の大盛館に松田解子文学記念室開設。町民センターで講演。

同年5月、メーデーに車椅子で参加。

同年6月、NHK秋田放送「秋田発ラジオ深夜便」で「鉱山に生れて九十五年」を語りました。

イラク派兵反対女たちの銀座デモに参加。

２００２年1月、小説『ある坑道にて』。

同年4月、ＮＰＯ・現代女性文化研究所の設立パーティに出席。

同年5月、長崎県北松・じん肺根絶祈念碑建立、碑文「じん肺なき二十一世紀へ」を揮毫《きごう》。

２００３年8月、第49回日本母親大会で、特別企画「秋田が生んだプロレタリア作家・小林多喜二と松田解子」に参加。

２００４年3月、童話集『桃色のダブダブさん』。4月、白寿を祝う会に２００余人が参加。

『松田解子自選集』第1回配本『地底の人々』が披露され、全10巻の刊行開始。

7月、『白寿の行路』、有志による「松田解子の会」結成。

11月、自選集第3巻『女の見た夢』。

12月18日、「松田解子の会」会報第1号発行。

26日午後0時2分、急性心不全のため逝去。99歳5か月の生涯でした。

２００５年2月26日、秋田放送がＡＢＳスペシャル「松田解子 愛と闘いの人生」

を放映。
4月9日、第1回「松田解子さんを語る会」開催。

参考資料　塩田庄兵衛さん著『人生案内——塩田庄兵衛対談集』（1988年8月6日。オリーブ印刷社）。

高島満兎さん

高島満兎《たかしままと》さん（福岡県三井郡合川村、今の久留米市生まれ。1909年10月28日～1934年7月13日）は、造り酒屋の二女に生まれました。快活な少女として育ち、久留米高等女学校（今の明善高校）に在学中は陸上の選手でした。1926年、日本女子大学に入学、クラスでも寮でも「まとしゃん」とよばれ慕われました。

満兎さんの生き方に影響を与えたのは長兄・日郎《じつろう》さんでした。

彼は、中学校を卒業後、油絵を描いていましたが、労働農民党の活動に参加。1927年夏、検挙されると、留置場の壁に「労働者、農民を苦しめる天皇制を打倒せよ！」と書き、不敬罪で4年間、鹿児島刑務所に。

仮出獄した翌1932年3月、24歳で急逝します。

この兄との交流を通じて、満兎さんは、在学中の1929年頃から学生社会科学連合会目白班の運動に参加し、卒業前に日本共産青年同盟に加盟します。

1930年4月、大学を卒業した満兎さんは「無産青年」編集局で組織部の仕事につきます。

75人ほどの「無産青年」読者会を組織し、国鉄千葉機関区に「帝国主義戦争反対！」のビラをまいたり、日本共産青年同盟のポスターをはったりしています。

中国東北部への侵略開始というきびしい情勢下でのたたかいで、満兎さんは1931年暮れから1932年にかけて結核で入院しますが、途中で病院をぬけだし、活動。

この年に日本共産党に入党し、日本共産青年同盟中央の農民対策部長となり、長野などで共青再建のために奔走しました。

しかし、1933年3月、東京・新宿の借家で寝ていたときに特別高等警察の襲撃をうけ、2階から飛び下りて脊椎や骨盤を複雑骨折。ギプスに包まれ、下半身を動かすこともできないまま翌年、亡くなりました。

参考資料　山岸一章さん著『新版・革命と青春』（新日本出版社）。

広井暢子さん著『時代を生きた革命家たち』（新日本出版社）。

2005年8月20日付　しんぶん赤旗　「反戦平和の信念を貫いた共産党員、高島満兎とは？」。

伊藤千代子さん

伊藤千代子《いとうちよこ》さん（1905年7月21日、長野県諏訪郡湖南村南真志野―現・諏訪市―の農家に生まれました。1929年9月24日没）

彼女が生まれたのは、ちょうど日露戦争が終結し、中央線が岡谷まで開通した年でした。

2歳で母と死別、3歳の時、父は協議離婚し、祖母に育てられました。しかし、9歳の時、中洲村（現・諏訪市中洲）の母の実家（岩波家）に引き取られ、祖父母のもとで育てられました。

小学校も湖南小から中洲小下金子分教場へ、さらに中洲小本校へと移りました。ここで師範学校新卒で赴任した川上茂さんに平林たい子さんらと共に英才教育を受けました。

千代子さんは、もの静かな読書好きの少女でした。

幼友たちは「背が高くて、とてもきれいな人」、「あだ名は弁天様だった」、「庭球をよくやりました」、「成績は抜群、面長で色白、クラス一の美人でした」などと回想しています。

当時の長野県諏訪地方は、国内有数の生糸生産地として製糸業が活況を呈していました。

その契機は、対米生糸輸出の増加（第一次世界大戦の影響）と、中央線の岡谷までの開通（輸出港・横浜との直結）、二つの追い風を受けたためでした。農村から供給される繭と、若い労働力としての工女が、生糸製糸業を支えていました。

野麦峠を越えて多くの工女が出稼ぎに来ていました。労働条件は過酷で、細井和喜蔵さん著『女工哀史』にもその様子が描かれています。のちに岡谷山一林組株式会社で争議が起き千代子さんも激励に駆けつけます。

上諏訪町（今は諏訪市上諏訪）の諏訪高等女学校（現・諏訪二葉高等学校）へ入学した千代子さんは、教頭として赴任して来た歌人・土屋文明さんと出会います。在学中、文明さんから英語・国語・修身の授業を受け、文明夫人からは自宅で英語の補習を受けています。千代子さんが3年生の時、土屋文明さんは同校の校長に就任しました。

土屋文明校長のもと、自由な雰囲気だった同校の校風も、千代子さんの思想形成に影響を与えました。

諏訪高等女学校は、〈自由と個性尊重〉を信条とする白樺派文化運動の風の、諏訪における発信地でした。

同校では千代子さんの在学中だけでも、柳兼子独唱会、ブレーク版画展が開かれ、近くの温泉寺では岸田劉生展が開かれています。

図工教師の紹介で会場を訪れた千代子さんたち学生に「麗子の像」は、鮮烈な印象を与えました。

諏訪高等女学校卒業後は諏訪郡上諏訪町の高島尋常高等小学校の代用教員となります。

ここで2年間、教鞭《きょうべん》をとります。

高島尋常高等小学校は、諏訪教育のリーダーを自認する中心校で、白樺派の教育には批判的、男子には奮闘的精神を、女子には天真さを指導方針としました。

千代子先生は弁当さえ持って来られない子どもたちに、自分の弁当を分けてやったというエピソードが伝えられていて、温かい心配りが偲ばれます。

千代子さんの諏訪での18年間は、大逆事件・第一次世界大戦からロシア社会主義革命・米騒動・関東大震災とつづく、まさに激動の時代でした。

千代子さんは18年間暮らした故郷・諏訪の地から、いよいよ大きく飛び立つ決心をします。

千代子さんの高島尋常高等小学校退職は突然のことでした。

千代子さんは親友に宛てた手紙で「〈これからこそ、お前は一人行くのだ!〉、昼も夜もその声が聞こえるようになったのも近頃です。私は、ある小さな目論見の準備として、英語を専心やっております」と吐露《とろ》しています。

1924年、私立尚絅女学校(宮城県仙台市。今は尚絅学院女子高等学校)高等科英文予科を経て、翌年には東京女子大学英語専攻部2年に編入。

同大学社会科学研究会で活躍。

『資本論』、『賃労働と資本』、『空想から科学への社会主義の発展』を学習しました。

1927年8月30日、長野県岡谷で起こった製糸業最大の争議「山一林組争議」

（女工ら労働者による30日ストライキ）の労働者支援を行います。

同年秋、労働農民党の浅野晃さんと結婚。

翌1928年、初の普通選挙をたたかう労働農民党の藤森成吉候補らの支援活動を行います。

同年2月、日本共産党に入党します。

日本共産党中央事務局で文書連絡や印刷物の整理などの活動を始めて半月後、三・一五事件の弾圧によって検挙され東京の警視庁滝野川署から市ヶ谷刑務所に収監、拷問により転向を強要されるが拒否し続けます。

夫・浅野晃さんが変節するもとでも、同調せず、その後、拘禁精神病を発病し東京の松沢病院に収容され、急性肺炎により病死。

享年24歳。

郷里の龍運寺墓地に葬られています。

伊藤千代子さんの墓碑と顕彰碑のある丘に登れば、諏訪湖と、その周辺に広がる一帯（諏訪盆地の西半分）を展望することができます。この地が、18歳までを過ごした千代子さんの故郷です。

伊藤千代子さん顕彰の碑文は次のとおり。

伊藤千代子は1905年（明治38）7月21日、ここ諏訪の南真志野の農家に生まれ幼くして母と死別、湖南小学校から中洲小学校へ転校し、祖父母の援助で諏訪高等女学校（現二葉高校）に学び、高島小学校の代用教員の後仙台尚絅女学校から東京女子大学へと進んだ。

千代子は常に生活に苦しむ人々に心をよせ、世の中の矛盾と不公平さを許せず、学内で「資本論」を学ぶなど、社会科学研究会で中心的に活動した。郷里では初の普通選挙をたたかう革新候補の藤森成吉を支援、岡谷での歴史的大争議であった山一林組の製糸工女らを激励し、社会変革の道にすすんだ。

1928年（昭和3）2月、千代子は日本共産党に入党。3月15日の治安維持法による野蛮な弾圧で逮捕、市ヶ谷刑務所に投獄される。千代子は獄中での狂暴な拷問や虐待にも屈せず、同志を励ましたたかい続けたが、ついに倒れ1

９２９年９月24日、24歳の若さで短い生涯を閉じた。

千代子の死後、女学校時代の恩師でアララギ派の歌人土屋文明は暴圧化のきびしい言論統制の中の１９３５年、教え子伊藤千代子の崇高な生涯を悼み歌に詠んだ。

千代子のこころざしは今も多くの人々に受け継がれ、生きている。

まをとめのただ素直にて行きにしを囚えられ獄に死にき五年がほどに
こころざしつつたふれしをとめよ　新しき光の中におきて思はむ
高き世をただ目ざす処女《おとめ》らここにみれば　伊藤千代子がことぞかなしき

参考資料　東栄蔵さん著『伊藤千代子の死』（１９７９年10月。未来社）。
藤森明さん著『こころざしいまに生きて　伊藤千代子の生涯とその時代』（１９９５年11月。学習の友社）。
日本共産党の、しんぶん赤旗　２００４年5月5日付「伊藤千代子を詠んだ歌とは」。

藤田廣登さん著『時代の証言者―伊藤千代子』（２００５年７月。学習の友社）。
広井暢子さん著「時代を切り拓いてきた女性たちのバトンを引き継ぎ民主主義と自由の未来へ、ともに歩みを」＝治安維持法犠牲者国家賠償同盟編『治安維持法と現在』（２０２０年１月末）。

飯島喜美さん

飯島喜美《いいじまきみ》さん（１９１１年12月17日～１９３５年12月18日）は、千葉県匝瑳郡太田村（今は旭市）で提灯《ちょうちん》職人の家の13人兄弟の長女として生まれました。

小学卒業後、すぐに女中奉公に出て、15歳で、『女工哀史』の舞台となった東京モスリン紡織亀戸工場に入りました。

工場は２交代12時間の過酷な労働と、低賃金、強制的な天引き貯金、監獄のような寄宿舎では読む本も制限されて手紙も開封されていました。

喜美さんは、工場でひそかに開かれていた、科学的社会主義の研究会に参加。

1927年、職場で女性労働者のたたかいが起きます。賃金から社内預金の天引き割合を増やすという話に集会を開き撤回させました。

翌1928年の賃上げ要求ストライキでは、16歳で500人の女工たちのサブリーダーを務め、会社側に要求を認めさせました。

1929年の四・一六弾圧（天皇制政府による日本共産党と支持者へのいっせい検挙）で喜美さんも東京の亀戸署に検束されますが、それに屈せず、日本共産青年同盟に加盟します。

同年5月に日本共産党に入党。職場の日本共産党組織の責任者になります。

翌1930年には、モスクワで開かれた労働組合の国際組織プロフィンテルン第5回大会に、日本の女性として初めて参加しています。

帰国した1931年10月は、中国東北部への侵略開始（1931年9月、いわゆる「満州事変」）の直後でした。

喜美さんは、重大な情勢のなか反戦運動を広げるために、日本共産党中央婦人部で、女性労働者を組織する活動にとりくみました。

赤旗《せっき》1932年7月15日付の「戦争が拡がる　婦人は起《た》って反対せねばならぬ」というよびかけなどに喜美さんの活動の様子がうかがえます。

1933年4月にスパイの手引きで検挙された喜美さん。東京の市谷刑務所から父にあてた手紙が1通残されています。日付は1935年3月。

そこには着物は破れても（今は）寒さが過ぎたからどうにかなるが、10月に送れたら送ってほしいこと、お金のほうはあと1日分のチリ紙代と石けん代を残すだけとなり、都合出来たら送ってほしいことを書き綴っています。

獄中で結核となり、まともな治療もされないなかで、信念を貫きましたが、1935年12月18日、24歳の誕生日の翌日、栃木刑務所で獄死しました。

遺品の「闘争」、「死」の文字を刻んだ真ちゅう製のコンパクトは、父親の倉吉さんが保存し、後に日本共産党中央委員会に寄贈されました。

参考資料　山岸一章さん著『紡績労働者の飯島喜美 コンパクトに「闘争・死」の文字』（『不屈の青春―ある共産党員の記録』。1969年。新日本出版社）。

山岸一章さん著『新版・不屈の青春』（１９８４年12月1日。新日本出版社）。

広井暢子さん著『時代を生きた革命家たち』（１９９８年6月30日。新日本出版社）。

日本共産党の、しんぶん赤旗。２００５年8月18日付「コンパクトに「闘争・死」と刻み　獄死した飯島喜美とは？」。

鹿野政直さん著『飯島喜美　革命運動史上の光芒』（『鹿野政直思想史論集第６巻』。２００８年。岩波書店）。

玉川寛治さん著『女工哀史を超えた紡績女工　飯島喜美の不屈の青春』（２０１９年6月15日。治安維持法犠牲者国家賠償同盟千葉県本部。学習の友社）。

広井暢子さん著「時代を切り拓いてきた女性たちのバトンを引き継ぎ民主主義と自由の未来へ、ともに歩みを」＝治安維持法犠牲者国家賠償同盟編『治安維持法と現在』（２０２０年5月末）。

田中サガヨさん

「お姉さんお久しうございます。……今又私はとらわれの身となっております」という書き出しで、留置場でチリ紙に走り書きした手紙を残した田中サガヨさんは、1935年、24歳10か月の若さで、天皇制権力によって命を奪われた日本共産党員の女性です。

サガヨさんは山口県下関市豊田で1910年、造り酒屋の三女に生まれ、高等女学校を卒業後、タイプの技術を習得。

1929年、働きながら勉強をすることをめざし、兄・尭平さん（1949年の衆院選で山口2区から日本共産党公認で当選）をたよって上京。東京帝国大学の社会科学研究会にいた兄から科学的社会主義の理論を学びます。

やがて検挙された兄の救援活動をするなかで、日本共産党とともに歩む決意を固めます。

兄が「一命をすてる覚悟があるのか」というと、「もちろんよ、私も随分考えてのことよ。……一命をすてるの、覚悟の、そんな神がかりの言葉はどうかと思うの。私の聞きたいのは、私のようなものでも、一生懸命やれば何かできるかしら」といって、1932年に入党しました。

前年の1931年秋には、天皇制政府が中国東北部（満州）への侵略を開始。反戦平和のたたかいをすすめる日本共産党にたいする攻撃を集中した時期でした。

サガヨさんは、赤旗中央配布局の仕事につきました。

赤旗《せっき》は1932年4月から活版印刷になり発行部数は7000部に。「日本帝国主義の満洲強奪の駆引、『満洲国承認』に反対せよ！」（1932年9月15日付）、など、侵略戦争反対を訴えます。

1933年2月には小林多喜二さんが虐殺され、宮本顕治さんが逮捕された翌日の1933年12月27日、サガヨさんも銀座4丁目で逮捕され、拷問を受け、重い結核にかかります。

保釈は認められず、病状が悪化し、1935年4月、東京の市ケ谷刑務所を出されますが、20日後の5月14日に生涯を閉じました。

チリ紙には「信念をまっとうする上においては、如何なるいばらの道であろうと、よしや死の道であろう（と）覚悟の前です。お姉さん。私は決して悪い事をしたのではありません。お願いですから気をおとさないで下さい」と書かれていました。

参考資料　広井暢子さん著『時代を生きた革命家たち』（新日本出版社）

土居千代子さん

1929年の初めのころプロレタリア演劇運動に加盟した劇団・街頭座が高知県に生まれました。

1930年の高知県第一次検挙のとき検挙された徳弘仁雄さん、山崎正雄さんが中心メンバーになり、俳優には土居憲さん、妹の土居千代子さん、坂本政子さんら数人が加入しました。

丸一製紙の争議に応援参加し、伊野町で行われた争議団の演説会で演壇に立って革命歌や労働歌の歌唱指導などをしました。

村山知義さん、久坂栄二郎さんらによって左翼劇場の大阪公演がおこなわれたとき応援出演をしました。その芝居が上演禁止となり、舞台でいっせい検挙があったとき最後まで舞台でがんばって抵抗したのは高知の街頭座の女優たちでした。

１９３０年秋、佐野順一郎さんの連絡でプロレタリア演劇運動の高知支部が発足しました。

小松ときさん

小松ときさん（高知市生まれ。１９０５年～）。

５歳のとき、父が急死。

1921年、高知県立高知高等女学校（今の高知県立高知丸の内高等学校）を卒業。

職を求めて単身上京して兄と同居。

兄の友人・小松益喜《ますき》さん（高知市生まれ。高知県香南市野市町出身。1904年～2002年。東京で98歳で死亡）に出会い、家族ぐるみの交際が始まります。

間もなく母が上京。長期療養の末他界します。

兄は就職のため台湾に渡ります。

1930年、小松益喜さん（当時・美術学校の学生。日本プロレタリア美術家同盟員）と結婚。

益喜さんの指導のもとに、科学的社会主義に目覚め、徐々に日本共産党の存在を知ります。

搾取と差別のない社会のために、自分の命を賭《と》して活動する決意が生まれました。

日本電気株式会社に入社して、日本労働組合全国協議会日電分会組織のために活動して、発覚して馘首されます。

以後、全協・日本金属オルグ活動、教育活動に従事。

1931年、病気に倒れ、夫とともに郷里・高知に帰ります。

健康回復とともに高知の反戦運動、全協再建運動に参加します。

1932年、日本共産党細胞を確立します。

同年4月、高知県における全協活動家のいっせい検挙にあい、夫とともに逮捕され、治安維持法違反の容疑をもって高知県の赤岡署に220日拘置。妊娠中の身で過酷な留置場生活とたたかいます。

同年12月、不起訴になり、釈放（妊娠7か月）。夫の実家に引き取られます。

翌月、長女を出産します。

1934年、夫の帰宅を待ち（未決2年）、神戸に居を移します。

夫は画業に再出発。以後、夫の画業をたすけ極貧、苦闘の生活を続けます。

戦争中は奈良県室生に疎開します。

終戦後の1946年、疎開地から神戸に帰り、画業一筋の夫の生活を援助しながら地域の平和、民主、生活を守るたたかいに取り組みます。

1955年、地域の自主的民主的な婦人組織を結集して兵庫県婦人協議会を結成。新日本婦人の会の兵庫組織を結成します。

この間、日本共産党兵庫県委員として活動、兵庫県議会議員選挙に立候補しました。

1995年、阪神大震災のため、夫とともに上京。

参考資料　治安維持法犠牲者国家賠償同盟高知県本部、平和資料館草の家編『不屈に生きた土佐の同志《とも》』(2006年12月15日。治安維持法犠牲者国家賠償同盟高知県本部)。

小松ときさん著『跫音《あしおと》――兵庫の婦人・戦後のあゆみ』(1996年10月1日。光陽出版社)。

林楠子さん

林楠子《はやしくすこ》さんは、高知県斗賀野村の生まれです。
1934年11月9日、林延造さんと結婚しました。
仲人は田村乙彦さん、藪田忠夫さんでした。
当時の農民運動はみんな仲良く、それぞれ縁組の世話もし合っています。
藪田忠夫さんの妻は板原伝さんの妹で氏原利秋さんの妻は林楠子さんの姪《めい》でした。

1930年、全国農民組合岡山県連合会の書記だった林延造さんは、岡山県浅田郡吉浦の小作争議を指導し、暴力行為取締法によって実刑6か月を言い渡され、岡山刑務所に入獄しました。

全国農民組合岡山県連合会は、江田三郎さん一派の右翼的傾向とのたたかいが熾《し》烈《れつ》をきわめていました。

１９３１年2月に出獄した林延造さんは書記を解任され、高知県高岡町（今は土佐市）の自宅に帰ってきました。

同年３月、全国農民組合第４回全国大会は左右両派が対立しましたが、合法政党支持を押し付ける右派にたいして、左派勢力はするどく対立し、全国農民組合全国会議を結成しました。

林延造さんは高知県斗賀野村の田村乙彦さん、氏原利秋さん、高知県佐川町の藪田忠夫さんらと協議し、全国農民組合全会高知県評議会をつくり、その責任者になりました。

１９３２年9月、小作争議は高知県各地に相次いで起こり、たたかいも厳しさを増していきました。

官憲の弾圧も凶暴になり、斗賀野で会議中、いきなり警察が踏み込んできたこともありました。

このときは電灯を消し、まっ暗闇のなかをみんなは手探りで逃れましたが、林延造さんは逮捕されました。

全国農民組合本部から応援に来ていた羽原書記は、あたりの地理がわからないまま走り、越知の仲間の家にたどりつきました。

林楠子さんは、田村さん、藪田さん、氏原さんらの運動に理解をもっていましたので、林延造さんと結婚することには充分覚悟はできていましたが、世間は「赤」への嫁入りと評判しました。

林夫妻の生活の一歩は、佐川町に住み、たたかいの合い間に商売で稼ぎ、妻は娘時代から勤めている片倉製糸佐川工場の糸科課に通うことから始まりました。

１９３４年、皇族が高知に来ました。

思想関係者はこんなときいつも滞在の前後の日数を保護検束されました。

高知県の佐川警察署へ理不尽に留置されている夫の所へチリ紙や着替えの衣類をもって、毎日、赤子を背に負って差し入れに通いました。

佐川で1年位生活したのち高岡に通ったと言います。

槇村浩さんは「餅の歌——全農の林延造に——」で林さんのことを歌いました。

餅の歌

――全農の林延造君に――

槇村　浩

餅とは
何と
鋤き返された幼い南の郊外の野の思い出のように
甘いものだろう！
高岡の
ひとりぼっちの
叩き廻っても後の沼地一ぱいがらんどうな響きしかはね返してこぬ
豚箱の中で
僕はしみじみと生のうどんの皮をひっぺかしながら

そう思った
それは
青い蚊帖が雨上りの甘酸っぱい臭いをたてながら
差入れの風鈴と一しょにゆさ〱揺れていた時だった！

背の低い
長髪の
いつも怒ったような顔をした
それでいて人なつこい
三十を越えたばかりの生粋の民農出の労働者
日本化学労働組合員、全国会議全農高知県聯の草分け
(激励と共に、これは彼から来た)

——同志、林延造君！

彼は争議が不利になり
引きぬかれた百舌の巣のように
組織がめちゃ〱にふみあらされた時も
沮喪せぬ組合常任であることができ
嵐と、土砂ぶりの天候の下で
まつかさのように散らばった部落々々《むらむら》の貧農の
信頼された相談相手であることができ
不当逮捕監禁×問と弾圧下のデモのまっただなかで
傷だらけの額を硬ばらせながら
ひきさかれた服とむしられた頭髪の間から
昂然と
地主に逆襲する土地と××歌の
乱唱の音頭をとり
生活が

どんなに重く彼の上にのしかゝろうと
常に愉快なピオニールの餅屋であることができた
ピオニールが彼の餅屋を愛する以上に
彼は少年らのはつらつさと、彼等の伸びようとする意力と文化とを愛した
風のように
彼はもうちょっとばかし大きいピオニールたちの
豚箱から豚箱に現われた
にっこりと手をあげる間もなく………！
僕はうなづきうなづき――投げこまれた餅の袋の
一きれ一きれを
ごっくりごっくり咽を鳴らしながら飲みこんだ
――餅とはめったにこんなにうまいものではないのだ！
しつような土地取上げと
さんたんたる小作争議とが

出来たばかりの組合の仕事にせわしい同志林を
豚箱の昔の部屋えひんぱんに追いこんだとき
重い鳶色の鉄扉が
外の同志と共に
ぶつぎれにどこからともなく元気なたよりを吹き送ってくる餅屋のおやぢを
僕と幾重にも仕切ったとき——
この国に
ひとりの
赤ん坊が
生れた！
満州製の罐詰の底で寒そうに鳴る息子らの骨と
かけがえのない娘たちの肉にまでかえて料った
赤土まじりの草と、きびとひえの飯まで食わされる百姓と
最大の安全をもつ黒字資本をおろした、吹きっさらしの拷問部屋のある

このツアー国家に
顔中
うみ汁と
吹き出ものだらけの
赤ん坊が生まれた！

これが
資本家どもの
政変と陰謀的祝賀と
僕らの次の餅のエピソードとの
起源となったのだ――
八人に一人づゝ
囚人労働の短縮を申しわたされ
「祝」と書いた餅が僕らに二つづゝ配られた

裾綿のちぎれた赤い筒袖を羽織りながら、みんなはツアーの「恩典」を話し合った

――八ヶ月………受けるか？
と看守が粉まみれの餅を穴のあいた手套の上え転がしながら尋ねた
寒空のちぎれ目にもっとうまそうな青い雲の餅を睨みつけながら僕は答えた
――無条件、絶対に！　それとも突っ返そうか！
監守はきっと唇を曲げ
後え組んだ腕の間で指をぽきぽき鳴らし
で結局
減刑布告と一しょに残された餅は監房の窓に
そして佩剣はひとまわりして遠ざかって行った

僕は
餅をひねりまわし

僕らの労働のはしっくれが、顔中吹き出ものだらけの赤ん坊の名で、有難く却
下されてきたのを苦い顔で凝視した
瞬間———紅白の上に
顔と一しょに
同志林の愛想のいゝふてぐしさが立ち上がってきた
それは
何物がどんなに重く彼の上にのしかゝろうと
常に愉快なピオニールの餅屋であることのできた、あいかわらずの全農の、同
志林だった同志林——
それはいかつい少しの欠点をたえず克服してきた、精悍な多くの美点とを持つ
土地を知り
土地に
ねばりつく
指導的農業労働者の一つの美くしい型だったのだ！

僕は久しぶりで砂利だらけの餅を嚥《の》み下した
だが、吹き出ものだらけの赤ん坊同様こんなものは食えるものではないのだ！
搾り上げられた胃の腑がすぐと米粕を突き上げてきた
ツアーの「恩典」は
単なる僕ら自身の一握りの汗の変形としての食糧をさえ、僕らの消化細胞から
拒否し去った
自由と、組合と、細胞と、近づいてくる戸外の早春との離別……そして不健
康………
うみ汁と
吹き出ものだらけの赤ん坊は
幼い南の郊外の野の思い出を混濁し
何とすべてのものを食えなくすることだろう
お丶、餅とはめったにこんなにまずいものではないのだ！

―一九三五・八・三一―

1935年7月、農民運動の中でも統一戦線の機運が高まり、全農全会派も全農総本部に統合し、高知県高岡町に事務所を置き、田村さんらとともに幅広い農民運動を進めます。

しかし、1936年12月5日、高知県人民戦線事件で検挙されます。

このときは、早朝、5、6人の刑事が押し入り、タンスの中の引き出しにいたるまで捜査し、書物、文書をリヤカーいっぱいに積み込み押収します。

林延造さんは手錠をはめられながら「心配すな」と言って連れられていきましたが、このときはどこの警察署に留置されているのか分からず、林楠子さんは一緒にやられた藪田さんの妻と夫の安否を気遣いながら不安な毎日を送ります。

所在がわかったのは3か月たって釈放される2日前でした。

検挙は、ちょうど年の暮れで、たくさん餅の注文をうけていて、その後片付けに追われ、ほとんど寝るまもなく働き、やっと注文の餅を仕上げます。

全農の組合員だった野瀬正彦さんが、早速に米をかついで救援にきてくれました。また、隣にすんでいる林さんのいとこの山崎一さんも親身の世話をしてくれました。いつも警察への身許引受人になってくれたものです。

近所の田所のおばさんは子守りをして助けてくれました。

参考資料　治安維持法犠牲者国家賠償要求同盟高知県女性部編『ときを翔て』（2003年4月15日。治安維持法犠牲者国家賠償要求同盟高知県女性部）。

夷井琴子さん

夷井琴子さんは、1912年、高知県奈半利の野村家に生まれました。

高知市の土佐女学校（今の土佐女子中学校・高等学校）を卒業ののち、中村市（今の四万十市）で野川組の支店長をしていた兄の家にやっかいになり裁縫の学校に通っていました。

夷井豊得さんとの縁談が進み１９３４年11月に結婚しました。

２人はいとこ同士でした。

そのころ、夷井豊得さんの家では父が中風で廃人同様であり、雑貨商をいとなんでいた母も肺病のために神戸の病院に入院していました。

結婚して１週間くらいたったある日、家の前を行ったり来たりして時々家の中をのぞき見する１人の男がいました。

不審に思っていると、言語障害でほとんどしゃべることのできない父が「あれは刑事だ」と教えてくれました。

豊得さんが共産主義者であることを知らないで結婚した琴子さんが初めてそのことを知ったのはこの刑事の出現からでした。

そのうち皇族が室戸を通過するといっては浮浪者なみに警察に引っ張られ、浮浪者は帰されても夫は釈放されず、差し入れに行くにも人目を避け港の下の道を通いました。

このような日常の暮らしの中から、だんだんと夫の運動に理解を持った琴子さんは、その運動に協力するようになりました。

当時、田野町の公文雅治さんが発行していた『芸東文学』は室戸に送られてきました。

それは北村歯科医院の看護婦のもとに届けられていましたが、看護婦から受けとるのは琴子さんの役割でした。

人民戦線事件で豊得さんが検挙された時には警察の目をかすめて、すぐに夫の仲間である小学校の教師のもとへかけつけ、事件を知らせるとともに、文書などの後始末のできるような処置を進んでやりました。

１９３６年12月5日、人民戦線事件で逮捕された豊得さんは長い留置場暮らしの後、高知市の高知刑務所の未決監に収容され、１９３８年8月26日の公判で懲役２年、執行猶予5年の判決を受けました。

夫の母は前年に死亡していましたが、父も夫が検挙されて半年ののちに亡くなりました。

戦死した弟と病死の弟、また病死の二男を合わせて、わずか2年間に5回の葬式を出しました。

父の葬式の日には、夫は刑事に連れられて帰郷を許されましたが、わずか1週間という短い帰宅でした。

琴子さんは、無理がたたり肺病に侵されていました。

高熱にあえぎ喀血《かっけつ》をしながら長男を背負って未決監にいる夫に面会に行き、また高知県庁の特高課へ通い、夫の釈放を要求するなど必死の動きでした。

夫の裁判の日には血痰《けったん》をはきながら傍聴していましたが、重体となり、滞在していた氏原一郎さんの家に礼に行くこともできずようやく室戸の家に帰りました。

それから2年間は生死のあいだをさまよいました。

参考資料　治安維持法犠牲者国家賠償要求同盟高知県女性部編『ときを翔て』(2003年4月15日。治安維持法犠牲者国家賠償要求同盟高知県女性部)。

岩崎キクエさん

岩崎キクエさんは、１９１４年、山口県生まれ。

１９２２年、大阪のプロレタリア劇団「戦旗座」で、ロシアの作家・ゴーリキーさんの「母」の公演にサーシャ役で出演。

治安維持法違反の容疑で逮捕、投獄されました。

１９９４年２月20日、治安維持法犠牲者国家賠償運動要求高知県女性部結成と同時に女性部長を１９９８年までつとめました。

また、高知県母親運動のリーダーをつとめました。

文筆活動でも活躍し、１９９８年に高知ペンクラブ賞に輝きました。

２００２年９月６日、88歳で他界。

参考資料　岡本正光さん、山﨑小糸さん、井上泉さん『槇村浩全集』（１９８４年１月20日）。

『高知県人名事典　新版』刊行委員会『高知県人名事典　新版』（１９９９年９月１日。高知新聞社）。

治安維持法犠牲者国家賠償同盟高知県女性部『ときを翔て』（２００３年４月15日。治安維持法犠牲者国家賠償同盟高知県女性部）。

治安維持法犠牲者国家賠償同盟高知県女性部『ときを翔て・Ⅱ』（２００４年７月15日。治安維持法犠牲者国家賠償同盟高知県女性部）。

治安維持法犠牲者国家賠償要求同盟高知県本部『不屈に生きた土佐の同志《とも》』（２００６年。平和資料館・草の家）。

藤原義一の略歴

1947年2月23日、大阪市生まれ。父は清吉、母は冨士子。

高知県伊野町（今は、いの町）に引っ越し。父は紙工場の営繕の仕事に、母は手すきの紙すきとして勤めました。

1949年11月8日、弟・利夫が生まれました。

町立伊野小学校、町立伊野中学校、県立高知追手前高等学校で学びました。

国立高知大学文理学部文学科歴史専攻に入学するも3回生の終わり除籍に（授業料不払い）。

1968年2月10日から高知民主商工会の事務局員に。

1968年10月17日から日本共産党の赤旗編集局に勤務。

1970年2月9日、父・清吉が伊野町内野《うつの》の自宅で亡くなりました。

1970年10月11日、東京都の公立中学校の教師をしていた矢野尋子《やのひろこ》と結婚。

1971年9月28日、長男・一志《かずし》が誕生。

1971年12月28日、一志が高知市愛宕町1丁目の愛宕病院で仮性小児コレラで死去。

1972年11月17日、長女・加奈《かな》が誕生。

1974年11月6日、二男・直《ただし》が誕生。

1983年7月9日午前零時30分、母・富士子が東京都立川市の民医連の立川総合病院で亡くなりました。

2007年12月30日、赤旗編集局を退職。

高知市升形9の11の平和資料館・草の家の研究員に。

2008年4月8日、高知市の高知県立短期大学に入学。

2010年3月、高知県立短期大学を卒業。

2010年4月、香川県さぬき市の私立徳島文理大学文学部文化財学科に3年時編入。
2012年3月、徳島文理大学文学部文化財学科を卒業。
平和資料館・草の家の学芸員に。
2012年4月、高知県立短期大学専攻科に入学。
2013年3月、高知県立短期大学専攻科を卒業。
2013年4月18日、高知県立大学大学院（修士）に入学。
2014年3月、高知県立大学大学院（修士）を修了。
2017年から治安維持法犠牲者国家賠償同盟高知県本部の常任理事に。

藤原義一の著作（最近の物）

『この星に　同じ時代にやってきて　藤原義一歌集』（2008年4月1日。西村謄写堂）。

『永国寺の夜の教室から　2版』（2008年9月24日。高知人書店）。

『君の瞳の星の中　藤原義一歌集』（2009年12月19日）。

『特殊潜航艇蛟龍艇長　矢野統一　父は海の特攻隊員でした』（藤原尋子との共著。2011年12月8日。馬酔木社）。

『戦争のころ　高知で』（2012年8月15日。高知新聞総合印刷）。

『土佐和紙の歴史の一断面　高知でのアメリカ空襲用の風船爆弾気球づくり』（2013年3月）。

『これまで。これから』（2017年12月8日。飛鳥出版室）。

『槇村浩が歌っている』（2019年9月2日。飛鳥出版室）。

『手塚治虫の戦争反対の情熱』（2020年3月1日。飛鳥出版室）。

著者近影

戦争に反対した人々

発行日　2020年9月2日

著者・発行者　藤 原 義 一
781-5103
高知市大津乙2111の4
電話　080（9839）4704
E-mail　fujiharayoshikazu@gmail.com
フェイスブック　藤原義一

印刷・発売元　株式会社　飛 鳥
780-0945
高知市本宮町65の6
電話　088（850）0588

定　価　2000円+税

おことわり……………………………………

本書中の引用文は、原文を一部変更しているものもあります。ご了承ください。また、本著に関する文責はすべて著者にありますので、疑問点など問い合わせは著者にお願いいたします。